深交所 ETF投资问答

深圳证券交易所基金管理部　编著

中国财经出版传媒集团
中国财政经济出版社
·北　京·

图书在版编目（CIP）数据

深交所ETF投资问答／深圳证券交易所基金管理部编著. --北京：中国财政经济出版社，2024. 4
ISBN 978-7-5223-2947-5

Ⅰ. ①深… Ⅱ. ①深… Ⅲ. ①证券投资-投资基金 Ⅳ. ①F830. 91

中国国家版本馆CIP数据核字（2024）第055269号

责任编辑：贾延平　　　　责任校对：胡永立
封面设计：陈宇琰　　　　责任印制：党　辉

深交所ETF投资问答
SHENJIAOSUO ETF TOUZI WENDA

中国财政经济出版社 出版
URL：http：//www. cfeph. cn
E-mail：cfeph@ cfeph. cn

社址：北京市海淀区阜成路甲28号　邮政编码：100142
营销中心电话：010-88191522　编辑部电话：010-88190957
天猫网店：中国财政经济出版社旗舰店
网址：https：//zgczjjcbs. tmall. com
中煤（北京）印务有限公司印刷　各地新华书店经销
成品尺寸：147mm×210mm　32开　6. 375印张　104 000字
2024年4月第1版　2024年4月北京第1次印刷
定价：37. 00元
ISBN 978-7-5223-2947-5
（图书出现印装问题，本社负责调换，电话：010-88190548）
本社质量投诉电话：010-88190744
打击盗版举报热线：010-88191661　QQ：2242791300

前 言

——兼写给 ETF 投资者的一封信

财富管理是现代社会每个居民都需要具备的重要技能，但资产形式与金融工具的逐渐丰富给居民的投资选择带来非常大的困扰。要稳健的收益、保住本金，还是要承担更大的风险、获取更高的收益？中长期投资还是短线博弈？投资房产、黄金、外汇还是股票？这些都让投资者难以抉择。

在财富管理的世界里，股票投资是现代社会最无法忽略的部分。因为越来越多的优秀企业进入了资本市场，并以股票的形式体现为一种资产，一种投资方式。

中国资本市场经过三十多年的高速发展，已经有超过 2 亿投资者直接或间接参与了股票投资，其中绝大多数投资者都是直接买卖股票。股票的本质是企业的股权，股价最终由企业的长期持续盈利能力决定。而企业的这种能力取决于多方面因素，如企业家的能力、市场前景、企业的研发能力。股民准确判断这些影响因素，需要非常专业的知识，而且其中一些因素比较偶然，甚至有些企业还有诚信问题。

面对不确定性，股民投资股票后会出现经常性的焦虑。为了缓解焦虑，股民需要了解所投资企业的行业知识，及时跟进企业的最新公告，关心企业高管们的言行，获取市场分析师的建议。不少股民购买了多只股票，往往涉及数个行业与领域，由于普通投资者的时间和精力有限，而且基本不是所投资行业领域的专家，难以进行专业判断，因此其投资必然缺乏专业性。

专业的事应该交给专业的人来做。1924 年，美国人创建了共同基金，为中小投资者提供专业的服务，代理投资包括股票在内的资产，并可以随时退出，此后，各类共同基金在全球财富管理市场大行其道。但共同基金的持仓无法做到全透明，投资者对基金经理也无法完全信任。不同的基金经理风格差异明显，明星基金经理只是其中的少数。大多数共同基金不能像股票一样实时交易，无法通过日间交易实现波动收益或规避风险。

在这样的背景下，1975 年，美国先锋基金率先创建了跟踪标普 500 指数对应的股票基金，是俗称“复合股”的交易型开放式基金（ETF）的雏形。1993 年，美国的道富集团发行了追踪标普 500 指数的 SPDR S&P 500 Trust（SPY），成为美国首只 ETF。ETF 的本质是通过复杂的运作机制使基金单位净值的变动与标普 500 指数的变动保持一致。对投资者而言，理解与操作这类基金十分简单，即标普 500 ETF 是采用指数方法模拟出一只由 500 只股票组成的复合股，买卖这种“股票”的方式和买卖其他股票一样便捷，其特点更鲜明。

一是投资组合包含了美国市场表现最好的 500 只股票。越好的股票其权重越大，而且要通过成份股优胜劣汰的调整方式，保证投资组合中持续拥有优良的行业和股票。非常适合工作繁忙的上班族和无暇打理投资的人进行配置，不用担心遗忘在“箱底”的投资单上还有一堆退市的股票。永不踩雷，是指数化投资最重要的特性。

二是投资者不用为冗杂的信息焦虑。由于 500 只股票代表了 500 家上市公司，某家上市公司的业绩突变或者 CEO 的出格言行对这只 ETF 的影响不大，投资者无须频繁关注上市公司的相关信息。

三是分散了单一股票的投资风险。每家上市公司都会面临不测风云的风险，分散风险需要投资多只股票形成组合。在各种组合方式中，投资者通过投资标普 500 ETF 将风险分散在 500 只股票上，无疑是较好的选择。

四是阳光、透明、费用低廉。ETF 被动跟踪标的指数，已经脱离了传统基金代客理财的模式，减少了投资者对基金经理主动选股和择时判断的依赖。它更像一种产品和工具，鲜有投资者会因投资失误而责难一个工具。

五是交易价格难操纵。ETF 交易价格与其跟踪的指数走势密切相关，一般指数的容量都较大，市场较难被操纵。如标普 500 指数跟踪的股票市值约占美国股市总市值的 80%，国内 ETF 一般要求最低跟踪市值不低于 5000 亿元人民币。另外，当 ETF 出现超卖或者超买，交易价格与指数走势出现偏差时，由于 ETF 市场具有特殊的一、二级市场套利机制，促使市场机构源源不断地参与，进而让交易价格回归正常水平。

特色鲜明的 ETF 被推出后，经过持续的发展，成为近 30 年美国市场增长最快的投资品种，投资者通过 ETF 持有美国市场股票的比例高达 13%，市场上最大的一只 ETF 跟踪标普 500 指数，规模近 4000 亿美元。

2004 年，ETF 开始被引入国内市场，经过 20 年的培育，投资者逐渐接受了指数化的投资理念，市场上供应的品种类型也逐渐丰富。截至 2023 年底，境内非货币 ETF 共 870 只，产品规模合计 1.84 万亿元，较 2022 年底分别增加了 18% 和 37%，创历史新高。

ETF 市场门类众多的产品形成了约定俗成的分类。

1. 宽基 ETF。主要指不区分上市公司行业与特点，采用市值与成交量为维度筛选出的上市公司组合，如沪深 300 ETF（159919）、深证 50 ETF（159150）、创业板 ETF（159915）、中证 1000 ETF（159845）。宽基的特点是自动体现行业轮动，综合各行业的特点，具有均衡资产配置的作用，是居民进行长期资产配置的工具，也是 ETF 中最重要的品类。

2. 行业主题 ETF。主要通过上市公司的行业属性或产品特色主题筛选股票，如芯片 ETF（159995）、创新药 ETF（159992）、医药卫生 ETF（159938）。此类 ETF 的主要作用是择时投资，投资相关行业的景气周期与相关主题的高速发展期，是居民进行择时投资的工具。

3. 跨境 ETF。主要是通过每个基金管理人的外汇投资额度，投资全球主要市场的上市公司，如纳指 ETF

（159941）、中概互联ETF（159605）、港股通互联网ETF（159792）。此类ETF可以帮助中小投资者解决跨境投资的障碍，通过人民币实现跨境资产配置。此时，ETF的价格包含被投资市场的汇率与股价的双重因素，是居民通过人民币实现跨境资产配置的工具。

4. 债券与商品ETF。主要是投向债券与商品的ETF，如国开ETF（159650），是投资国家开发银行发行的债券ETF。债券与股票区别较大，债券收益更加稳定，波动幅度更小，特别适合暂时没有心仪的投资标的而又不想让现金闲置的投资者，是投资者进行流动性管理的重要工具。商品ETF，如黄金ETF基金（159937），方便投资者拓展投资领域与品类。无论是持有实物黄金，还是银行的纸黄金，投资的便捷性与流动性都无法与黄金ETF基金相比。

对个人投资者而言，充分利用ETF构建各种投资组合，选择合适的交易和配置策略，有利于其资产配置的多元化，助力实现其财富管理目标。一些主要宽基ETF，如沪深300ETF（159919），还有对应的期权和期货，共同构成了ETF大家族，通过期现联动，可实施多种风险对冲策略。

作为投资品种，ETF的风险同样不容忽视。ETF的底层资产是根据指数编制方法纳入的多只个股，虽然多只股票的组合可以分散单只个股的下跌风险，但不能抵御整体市场的下行风险，这是权益类资产整体的风险。但 ETF 下跌的幅度一般小于个股，因为纳入指数的上市公司一般都是市场中的优秀企业，是市场的风向标与压舱石。同理，在股市普遍上涨期间，ETF 所持有的个股上涨幅度也因此被分散，表现为 ETF 的涨幅可能不如活跃股票的涨幅。当然，ETF 的上述风险，可以使用相对应的期权产品进行对冲与风险管理。

俗话说，“授人以鱼不如授人以渔”，我们希望本书讲述的 ETF 的理论知识和各种投资方法，能够帮助广大投资者系统全面地认识和了解 ETF，感受 ETF 的力量，掌握 ETF 投资方法与技巧，更好地满足投资者多样化的财富管理需求，也能使投资者更加公平、充分地享有经济发展成果。

深交所基金管理部总监　邹雄

2024 年 4 月

目　录

第一章

了解投资界的重要工具——ETF

1. 什么是 ETF 的真正含义？

ETF 是 Exchange Traded Funds 的英语缩写，中文名称为“交易型开放式基金”，是一种在证券交易所上市交易的开放式基金，兼具一级市场申购赎回和二级市场交易优势。简单地说，ETF 是可交易和申购赎回的“复合股票”，投资者可以通过 ETF 投资跟踪一篮子股票的整体市场表现，降低单只股票的投资风险。国际上，ETF 被誉为“20 世纪 90 年代最伟大的金融产品创新”。

目前，绝大多数 ETF 都是股票指数基金，其相关定义和特点如下：

（1）股票指数

股票指数是一篮子股票的集合，可以反映股票价格的平均水平。比如常见的沪深 300 指数，由贵州茅台、宁德时代、中国平安等 300 只沪深市场中规模大、流动性好的上市公司股票组成，可以用来反映沪深市场大盘股票的整体价格水平。

（2）指数基金

指数基金以特定指数作为产品的跟踪目标，并以该指数的底层资产为投资对象，通过购买该指数的全部或部分底层资产构建投资组合，实现与指数大体一致的收益。比如沪深 300 指数基金，其跟踪沪深 300 指数，购买 300 只成份股构建投资组合，实现了与沪深 300 指数相似的收益。

（3）ETF

ETF 的主要特点在于“交易型”及“开放式”。“交易型”指 ETF 在交易所上市，投资者可以像买卖股票一样，通过证券账户直接在交易所买卖 ETF；“开放式”指投资者可以向基金管理人申购和赎回基金份额。比如，投资者参与沪深 300 ETF 投资，既可以通过交易所二级市场直接买卖，也可以在一级市场申购赎回。

2. 投资 ETF 有哪些好处?

ETF 是一种高效、透明、费率低、门槛低、资金使用效率高的投资工具，投资者可以灵活配置各类 ETF 资产，进行投资组合，从而更好地实现自己的投资目标。ETF 通常具有如下优势：

（1）效率高

ETF 在证券交易所上市交易，投资者可以在交易日的交易时间买入或卖出 ETF。ETF 的实时交易及较好的流动性使投资者可以灵活高效地捕捉投资机会，并在需要时快速退出。

（2）透明度高

ETF 采用被动化投资，紧密跟踪指数，权益仓位可达95% ~100% 。由于 ETF 的投资组合是公开的，因此投资者可以清楚地了解所持有的 ETF 投资的证券种类和数量，从而更好地评估投资风险。

（3）费率低

ETF 管理费用低廉，通常为普通开放式基金的三分之一，是投资者进行资产配置的一种更经济实惠的方式。

（4）投资门槛较低

ETF 交易方式与股票一致，投资者可以像购买一只股票一样购买 ETF，最低 1 手（100 份）起。ETF 投资的低门槛也使投资者可以更容易地实现资产配置和分散化投资。

（5）流动性好

ETF 的流动性服务商制度以及折溢价套利机制使 ETF 具有较好的流动性。ETF 流动性服务商在交易中承担买卖对手方的角色，便利投资者快速达成交易，而 ETF 套利机制的存在进一步提高了 ETF 交易活跃度。

3. ETF 经历了怎样的发展历程？

境内 ETF 市场经历了以下主要的发展历程。

（1）起步阶段

2004 年 12 月，国内第一只 ETF（上证 50 ETF）成立。2005—2006 年，上证 50 ETF、深证 100 ETF、上证 180ETF 和中小 100 ETF 分别在沪深交易所上市交易。至此，国内 ETF 市场正式诞生并逐步发展。

（2）跨市场 ETF 诞生

2012 年 5 月，首批两只沪深 300 ETF 作为跨市场 ETF 正式上市，开启跨市场 ETF 新纪元。同年 8 月 9 日，华夏恒生 ETF 和易方达恒生 H 股 ETF 成立，两只 ETF 通过 QDII

渠道投资于香港市场，并于2012年10月22日上市，分别挂钩恒生指数、恒生中国企业指数。

（3）品种拓展阶段

2013年3月5日，首只债券ETF（国泰上证5年期国债ETF）正式成立，同年7月18日，首批黄金ETF成立。这一阶段至2019年，ETF进入品类拓展，投资非中国市场ETF、商品期货ETF陆续落地，行业主题、风格策略ETF也迎来蓬勃发展，受到投资者的青睐。2015年，国内首只ETF期权——华夏上证50 ETF期权上市交易，进一步拓展了我国场内权益衍生品产品体系。

（4）高速发展阶段

近年来资本市场快速发展，注册制从试点到全面推行，对外开放持续推进，ETF也迎来了高速发展。ETF纳入互联互通、ETF期权加速落地、指数增强ETF试点、ETF互挂模式等都使投资者可以使用的ETF工具更加灵活多样。

中国的ETF市场经历了从起步阶段到多样化发展的历程，涵盖了不同的资产类别和投资主题。随着中国资本市场的不断开放和金融创新的推进，中国的ETF市场仍将保持持续增长和创新。

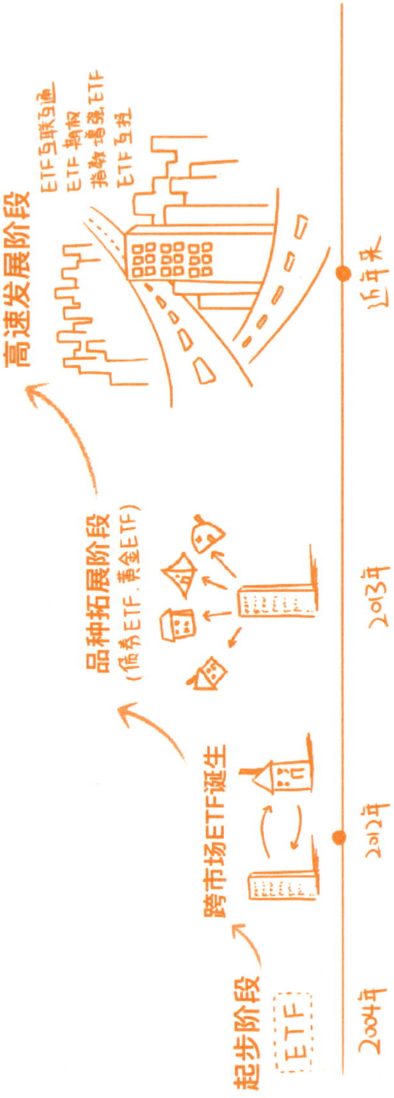

起步阶段
ETF
2004年
跨市场ETF诞生
2012年
品种拓展阶段
（债券ETF、黄金ETF）
2013年
高速发展阶段
ETF互联互通
ETF期权
指数增强ETF
ETF互挂
近年来

ETF 市场发展历程

4. ETF 与场外主动管理基金有什么区别?

(1) 投资管理方式不同

ETF 的绝大部分是指数投资，采用复制指数成份股的被动式投资策略，投资者通过投资 ETF 可追踪相关指数的整体市场表现。指数 ETF 管理人的核心目标是降低跟踪误差，管理人主观判断对 ETF 市场表现影响较小。ETF 的仓位由基金合同严格规定，一般股票 ETF 仓位在 95% 以上。

不在交易所上市的公募基金（即场外基金）以主动管理基金为主，它的本质是代客理财，基金经理通过研究进行主动判断而作出投资决策。投资者通过主动管理公募基金获得的收益率取决于基金经理的投资能力。主动管理公募基金的仓位变动空间相对较大，基金经理可以根据对市场的判断进行择时和调仓。

(2) 交易模式不同

ETF 既可以申购赎回又可以交易，投资者可以在交易日内便捷地进行 ETF 买卖，也可以在一级市场通过一篮子股票进行申购赎回，资金效率相对更高。ETF 二级市场交易机制与股票相似，投资者可以在股市开市时间按照实时价格进行交易，部分品种（如债券 ETF、跨境 ETF、货币 ETF、商品 ETF 等）实行“T + 0”日内交易。此外，交易时间内，交易所实时计算 ETF 一篮子股票的实时价格，每 15 秒公布基金份额参考净值（IOPV），为投资者交易 ETF 提供参考。

场外基金不支持二级市场交易，投资者仅能够通过销售机构进行基金份额的申购赎回，效率较 ETF 相对偏低。场外基金申购赎回采取“未知价”原则，即申购赎回价格以申请当日收市后计算的基金份额净值为基准进行计算。

（3）持仓透明度不同

ETF 持仓透明，每日披露申购赎回清单（PCF 清单），列示 ETF 申购赎回时所应交付的一篮子股票清单，投资者可以及时了解 ETF 具体持仓情况。

主动管理公募基金一般在季报、半年报和年报中才会披露具体持仓。其中，季度披露前十大重仓股，年报和中报披露全部持仓。信息披露频率相对较低，投资者无法在每个交易日获得自己所购买的基金具体持仓。

（4）费用不同

在基金管理费方面，由于 ETF 本质上是指数投资，ETF 投资策略相对简单，基金管理费率相对较低，市场中大多数 ETF 基金的管理费率在 0.15% ~0.5%。主动管理公募基金需要更多的成本覆盖开支，管理费率一般高于 ETF 基金，市场中大多数主动管理公募基金的管理费率在 1.2% 左右，部分高达 1.5%。

在基金资产交易成本方面，因为 ETF 资产组合相对稳定，证券买卖较少，与场外主动管理基金相比调仓频率更低，所以 ETF 的交易成本也比主动管理的公募基金低。

5. ETF 和场外指数基金有什么区别？

ETF 和场外指数基金都是一种指数投资工具，但它们有一些区别，主要体现为：

（1）参与方式不同

ETF：ETF 在证券交易所上市交易，交易方式和股票一致，投资者在交易所开市时间内按照股票交易方式买卖 ETF 份额，成交价格“所见即所得”。另外，投资者可以通过一级市场以一篮子指数成份证券作为申赎对价进行 ETF 份额的申购和赎回。

场外指数基金：场外指数基金通常通过基金公司直销或代销渠道销售给投资者，投资者通过申购、赎回获得相应份额、资金，基金管理人以当日收市后计算的基金份额净值为基准计算投资者申赎成本。

（2）交易成本不同

ETF：ETF 分为二级市场买卖交易、一级市场申赎。对于在交易所的上市交易，投资者在交易所的开市时间内按市场价格实时买卖，投资者需要支付的交易成本为交易佣金（不超过成交金额的千分之三，一般情况下在成交金额的万分之八以下），暂不收取印花税。而对于一级市场的申购、赎回，申购赎回代理机构可按照一定的标准收取佣金。

场外指数基金：投资者购买场外指数基金通常需要支付认（申）购费、赎回费以及销售服务费。

（3）运作模式不同

ETF：ETF 一般采用实物申购赎回机制，在申赎过程中，除部分证券采用现金替代外，基金管理人并不需要进行代理买卖，这有助于降低 ETF 基金的运作成本，同时也保证了产品相对基准指数的跟踪效果。

场外指数基金：投资者使用现金作为对价申赎，基金管理人一方面需要进行指数成份证券的代理买卖，可能产生一定的价格偏离；另一方面，基金需要预留一定的资金应对投资者的赎回请求（通常在 5% 以上），会对基金相对指数的跟踪效果产生影响。

（4）定价方式不同

ETF：ETF 的二级市场买卖价格会随市场预期及投资者情绪变化，可能会在基金资产净值的基础上有一定的折溢价。目前国内 ETF 都由第三方机构发布的基金份额参考净值（IOPV）作为 ETF 二级市场交易价格的参照。

场外指数基金：场外指数基金的申赎价格通常基于基金的份额净值，投资者会以当天的份额净值进行申购、赎回。

6. 投资 ETF 与投资股票相比有哪些不同特征？

从收益角度来看，股票是长期回报较高的大类资产之一，但与专业机构投资者相比，个人投资者普遍欠缺分析研究的能力和资源。大部分个人投资者往往只根据片面的信息、主观的判断选择个股，对公司的经营情况、财务状况、发展规划和前景了解不深，很难通过专业的数据分析、深入的信息挖掘，找到具有投资前景的个股并择时买入。

而投资股票型 ETF 相当于投资一篮子股票，我们只需要关注特定市场或者行业板块的整体走势，而不需要对个股作出判断。由于 ETF 指数基金的投资策略是被动跟踪约定的指数，获取某一市场整体或某一行业板块的平均收益，投资者无须过度关注个股的选择和市场走势，也不需要频繁买卖，投资门槛更低。例如，如果投资者看好互联网上市公司未来的表现，可以直接买入港股通互联网 ETF，一键打包港股通范围内的所有互联网公司，而不再需要在众多互联网上市公司中作出选择，承担特定个股的非系统性风险。

从风险角度来看，单只股票由于存在退市等各种“黑天鹅”事件，可能遭受损失。而指数已经由指数公司对股票规模或行业做了初步筛选，而且会不断调整权重，既分散了风险保持永续存在，又能优胜劣汰不断进化。

从资产配置的角度来看，投资 ETF 的优势还有一个，就是产品类型丰富，可以实现多行业、多品类的资产配置。

目前，市场中的 ETF 产品类型包括股票 ETF、债券 ETF、商品 ETF 等。其中，股票 ETF 又包括宽基 ETF、行业主题 ETF、跨境 ETF、策略 ETF 等，通过投资 A 股、港股、美股、德国股市、日本股市等，一键实现全球大类资产配置。

7. ETF 市场包含哪些类型的产品?

按照投资标的类型的不同，ETF 可以分为股票型、债券型、商品型和货币市场型等，如图 1 – 1 所示。

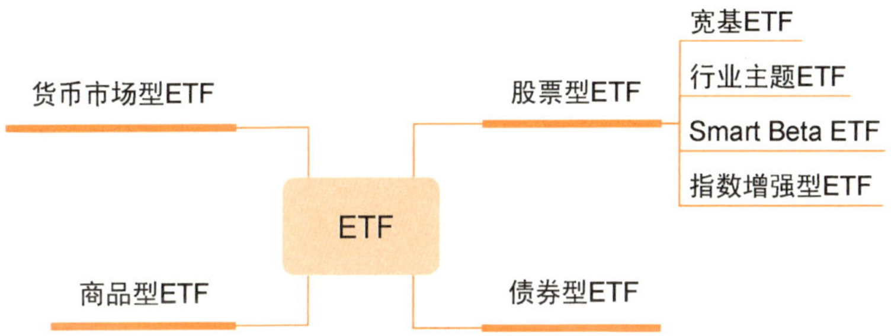

图 1 – 1　ETF 谱系图

(1) 股票型 ETF

主要跟踪股票资产走势。投资者可以通过购买股票 ETF，实现一键投资一篮子股票组合，降低单一股票投资风险，获得指数投资组合的回报。

股票型 ETF 又可以分为以下四类。

①宽基 ETF：此类 ETF 跟踪覆盖整个市场或者某个板块的宽基指数，如沪深 300 指数、纳斯达克综合指数等。由于宽基 ETF 涵盖不同行业的多只股票，通常被认为是获得市场整体表现的投资方式，可有效分散投资单一股票或单一行业的风险。

②行业主题 ETF：此类 ETF 跟踪聚焦某一个行业或主题的股票指数，如能源、科技、金融、医疗等大类行业或者环保、人工智能、健康、绿色低碳等市场主题。此类 ETF 的目标是给投资者提供一个特定行业或主题的投资机会，投资者可以通过购买相关 ETF 来追踪某个特定行业或主题股票的表现。

③Smart Beta ETF：此类 ETF 跟踪体现某一策略的指数，特别强调红利、价值、动量、波动率等因子的作用。Smart Beta 策略可以分为单因子策略和多因子策略。

④指数增强型 ETF：将指数增强基金和 ETF 交易模式相结合，产品运作模式上保持 ETF 模式。同时，基金管理人具有一定的主动选股空间，旨在获取超越指数的收益，

产品跟踪偏离度和跟踪误差设定相较被动型 ETF 更大。

(2) 债券型 ETF

主要跟踪固定收益类资产，债券型 ETF 的投资组合通常涵盖国债、地方政府债、政策性金融债、信用债等。债券型 ETF 的投资回报一般受跟踪指数成份券的票息水平和债券价格影响。

(3) 商品型 ETF

主要跟踪商品资产走势，如黄金、能源化工期货、有色金属期货、饲料豆粕期货等。商品型 ETF 投资组合通常包括期货合约等衍生品和实物商品，为投资者参与商品资产投资提供便捷、低成本的方式。

(4) 货币市场型 ETF

主要跟踪短期债券和货币市场的基金。投资组合主要由货币市场工具组成，具体包括商业票据、银行存款、同业存单和短期债券等。货币市场型 ETF 的投资目标是保持投资组合的净资产值稳定，同时提供一定的流动性和收益。

此外，按照投资标的所属市场的不同，ETF 可以分为境内 ETF 和跨境 ETF。境内 ETF 是指以境内资本市场证券构成的境内市场指数为跟踪标的，且在国内证券交易所上市的 ETF。跨境 ETF 是指追踪指数标的以境外资本市场证券为主，且在国内证券交易所上市的 ETF。目前，跨境 ETF 以股票型为主，例如纳斯达克 100 ETF、标普 500 ETF。

第二章

认识ETF的投资逻辑

1. ETF 如何实现阳光透明的运作方式?

标的指数信息以及 ETF 申购赎回清单机制使 ETF 可以在运作层面真正实现阳光透明。相比普通开放式基金，投资者可以更加及时全面地把握 ETF 的持仓情况。

（1）指数型 ETF 复制标的指数成份券权重进行投资

指数型 ETF 以紧密跟踪标的指数为目标，将主要基金资产投资于标的指数成份券，按照标的指数成份券构成及其权重构建投资组合，并根据指数变动及时进行调整。投资者可以通过指数发布机构网站、基金法律文件等渠道查询标的指数的编制方法、成份证券的构成等信息。

（2）ETF 每日发布申购赎回清单公布持仓

为便于投资者申购、赎回 ETF，ETF 的管理人在每个开放日编制并发布 ETF 申购赎回清单。投资者可以按照申购赎回清单的要求准备一篮子成份证券用于申购 ETF 份额，或赎回 ETF 份额后获得一篮子成份证券。一般情况下，申购赎回清单所展示的一篮子成份证券与基金持仓具有相同的构成比例。

2. ETF 如何实现投资的高效率？

（1）ETF 采用实物申购赎回机制

ETF 的实物申购赎回机制是产品结构设计的精髓所在，该机制促使 ETF 价格与净值趋于一致，极大地减少了 ETF 折溢价幅度。

具体来说，ETF 的实物申购赎回机制是这样的：在申购时，投资者以指定的一篮子组合证券（例如股票）向基金管理人换取 ETF 份额；在赎回时，投资者以 ETF 份额换取一篮子组合证券。实物申赎的机制使基金管理人在一定程度上省去了开仓和平仓的操作，降低了交易的成本，增强了 ETF 跟踪效率。

（2）一、二级市场联动有效控制折溢价水平

当 ETF 份额的二级市场交易价格和一级市场净值不一致时，即出现套利机会。流动性服务商或者其他投资者都可以通过申购 ETF 份额并卖出，或赎回 ETF 份额并卖出成份券的方式进行套利。高效的套利机制将 ETF 盘中折溢价维持在较低的水平，提高了市场定价效率，投资者则可

以在合理的价格水平交易 ETF，满足买入和卖出交易需求。

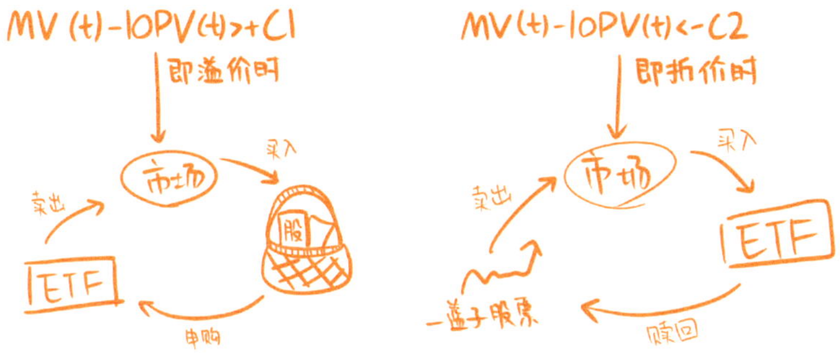

ETF 套利示意图

（3）ETF 较高仓位运作，跟踪误差更低

根据相关法规规定，开放式指数基金应当保持不低于基金资产净值 5% 的现金或者到期日在一年以内的政府债券，以备支付基金份额持有人的赎回款项，因此开放式指数基金的仓位一般低于 95%。而 ETF 无上述要求，可以保持较高仓位运作，将接近 100% 的基金资产用于跟踪标的指数。因此，一般情况下，ETF 的投资组合持仓占比高于普通开放式基金。

3. 投资 ETF 的交易成本怎么计算？

ETF 有一级市场申购赎回和二级市场买卖两种投资方式，使用这两种方式参与 ETF 投资的成本并不相同。

（1）申购赎回成本

ETF 的招募说明书中规定了 ETF 的申购赎回佣金上限，一般情况下，申购赎回代理券商可按照不超过申购赎回金额 0.5% 的标准收取佣金（实际收费标准可能远低于最高标准），其中包含证券交易所、登记机构等收取的相关费用。

（2）买卖成本

不同于股票交易，投资者在二级市场买卖 ETF 不用支付印花税和过户费。在委托买卖 ETF 成交后，投资者只需按成交金额的一定比例向代理 ETF 买卖服务的证券公司支付交易佣金。2002 年 5 月至今，证券投资基金的交易佣金实行最高上限和向下浮动制度，ETF 交易佣金不高于成交金额的 0.3%（实际收费标准可能远低于最高标准），不同证券公司的收取标准各有差异。

4. 基金管理人如何管理 ETF 产品？

（1）ETF 的发行上市

基金管理人开发一只 ETF 需向中国证监会提交产品注册申请，获批准予注册后进行基金发行。待基金成立后，如满足交易所上市相关要求，即可向交易所申请上市交易。

（2）ETF 的投资运作

ETF 主要为指数基金，其投资组合的构建并不基于基金经理的决策，而是根据指数构成被动地跟踪成份股，使投资股票的比重与指数成份股权重保持一致。ETF 追求跟踪偏离度及跟踪误差的最小化，尽可能地复制指数的业绩表现。

（3）ETF 的申购赎回清单

基金管理人根据 ETF 对应的证券投资组合及市场情况，编制包含了申购对价、赎回对价等信息的申购赎回清单（PCF 清单），并于每个交易日公布。通过 PCF 清单，投资者可以及时获知 ETF 的持仓明细，并根据 PCF 清单中的信息进行 ETF 的申购与赎回操作。

（4）ETF 的交易

为保证 ETF 二级市场交易的活跃度，基金管理人往往会安排一定数量的证券公司作为流动性服务商，负责通过双边报价的方式提升 ETF 市场的流动性。与此同时，基金管理人或基金管理人委托其他机构会在交易所开盘后根据 PCF 清单和投资组合内各只证券的实时成交数据计算基金份额参考净值（IOPV），并由交易所发布，供投资者二级市场交易及一级市场申购赎回时参考。

（5）ETF 的费用支出

ETF 产品层面需承担的费用主要包括管理费、托管费、信息披露费、审计费、上市费、登记结算费、IOPV 费等，各类费用的具体收费事由和收费机构如表 2－1 所示。

表 2－1　ETF 的费用列表

费用类别	收费事项	收费机构
管理费	基金投资运作等管理服务费	基金管理人
托管费	基金财产保管等托管服务费	基金托管人
信息披露费	基金法定信息披露服务费	中国证券报/上海证券报/证券时报/证券日报
审计费	基金年度审计服务费	会计师事务所

续表

费用类别	收费事项	收费机构
上市费	基金上市初费与年费（均暂免收取）	沪深交易所
登记结算费	基金份额申购、赎回登记结算服务费	中国结算
IOPV 费	基金 IOPV 计算及发布服务费	指数公司

基金管理费和托管费一般以前一日基金资产净值为基础，按照固定年费率每日计提并逐日累计至每月月末，并于次月初支付。信息披露费和审计费一般根据产品规模按年收取，基金管理人根据预估年度规模及其对应档次的年度费用每日预提入账，临近年末再根据产品实际规模及其应收取的年度费用调整入账，并在次年初支付。登记结算费、IOPV 费等费用一般按年收取，基金管理人按固定的年度费用每日预提或摊销。

5. ETF 有哪些指数复制策略?

常见的 ETF 指数复制策略包括完全复制策略和抽样复制策略。

完全复制策略指按照标的指数成份券及其权重构建基金的投资组合，并根据标的指数成份券及其权重的变动对投资组合进行相应的调整。完全复制策略常用于复制成份券流动性较高、成份券数量较少的标的指数，如股票指数。

抽样复制是基于一定原则来抽取标的指数中部分有代表性的成份券或选择非成份券作为替代，构造与标的指数风险收益特征相似的投资组合，以实现对标的指数的跟踪。抽样复制策略一般用于成份券流动性不足、成份券数量过多的标的指数，如债券指数。股票 ETF 中，抽样复制策略的跟踪效率显著低于完全复制策略的跟踪效率。

6. 什么是 ETF 的跟踪误差？

ETF 的跟踪误差是 ETF 的收益率与标的指数的收益率的偏差，体现了 ETF 对标的指数的跟踪能力，也体现了基金管理人的管理能力。影响 ETF 跟踪误差的因素较多，主要包括：指数的抽样复制；成份股公司分红等行为以及成份股停牌和摘牌；基金的费用；基金分红。

一般情况下，要通过日均跟踪偏离度的绝对值和年化跟踪误差两个指标来衡量跟踪误差。ETF 的基金合同等法律文件中会约定日均跟踪偏离度的绝对值和年化跟踪误差目标。跟踪偏离度为基金收益率与基准指数收益率之间的差值。例如，某日基金净值上涨1%，所跟踪的指数上涨0.99%，那么当天的跟踪偏离度为0.01%（1%－0.99%）。年化跟踪误差为跟踪偏离度的年化标准差。在评估对比时，同类指数基金中，跟踪偏离度越小，跟踪误差越小，指数基金的跟踪效果就越好。

一般而言，由于ETF可接近满仓运作，跟踪偏离度、跟踪误差相较其他基金明显更低；普通开放式指数基金和ETF联接基金，出于流动性管理等因素，股票（或目标ETF）仓位不能超过95%，因此跟踪偏离度、跟踪误差会高于ETF。同时，指数权重调整、成份股特殊事件、基金费用的收取等因素都可能影响指数基金的跟踪效果。

7. ETF适合哪些类型的投资者？

ETF正逐渐成为市场投资者的重要投资工具，其所具备的天然优势也正在被多种类型的投资者接受。

（1）新手投资者

ETF相对于股票等其他投资品种而言，投资门槛较低，风险相对较小。新手投资者对市场的认知相对较少，无法精准把握买卖时点。这时候通过投资宽基 ETF，包括沪深 300、中证 1000、深证 50、创业板 ETF 等，能够跟随市场变化而获取市场板块的平均收益。

（2）股票投资者

股票投资者对市场往往有自己的判断，当看好特定的行业或者主题时，其可以通过投资对应的行业或者主题 ETF，获取该板块的整体收益，减少了个股研究的精力和个股偏离行业或主题整体走势的风险。

（3）长期投资者

对于追求长期稳健收益的投资者来说，其不看重短期波动机会，只关注长期增值，可以选择表现较为稳健的 ETF 产品进行长期持有，如传统的宽基 ETF，包括沪深 300、上证 50、红利低波动 ETF 等，可以分享资本市场的长期增长。

（4）追求多元化的投资者

对于不想把资金局限于某个行业板块或市场，想在多个行业或市场中寻找机会并分散风险的投资者，其可以选择一些涵盖不同行业或市场的 ETF 进行组合投资。此外，投资者还可以通过 ETF 投资债券、商品、跨境资产等不同类别的资产，从而实现多元配置、分散风险的目标。

（5）套利投资者

ETF 具有成熟的一、二级市场套利机制，套利投资者可以根据市场价格的变化挖掘套利机会，获得收益。

8. 多只 ETF 跟踪同一标的指数应当如何选择？

（1）选择基金规模较大的 ETF

ETF 规模越大，说明更多投资者愿意申购/买入并持有该基金，反映了市场的认可程度。ETF 规模越大，也越能应对大额资金申赎或二级市场交易带来的冲击，运营会更加平稳，二级市场交易的活跃度通常也更好。同时，基金规模较大会产生一定规模效应，例如降低部分成本对整体基金净值的影响。

（2）选择流动性较好的 ETF

ETF 在场内交易，如果流动性较低，每天的买家和卖家数量有限，则有可能导致投资者的交易不成功。例如，投资者挂单买入，但由于成交不够活跃，没有卖家愿意以该价格出售，则投资者只能被动提高买入价格；卖出时，因为没有买家愿意以该价格购买，则不得不挂出更低的报价。因此，流动性不足的问题可能影响投资者的交易效率和中长期收益。

为了筛选流动性较好的产品，首先需要关注 ETF 的日均成交额，建议选择同类 ETF 中日均成交额较高的产品。此外，成交的连续性和稳定性也很重要，即在各个时间段内均有较为活跃的交易。这代表投资者在任何时点买卖 ETF，均有较大可能性成交。

ETF 的规模、流动性数据可在主流交易软件中查询，同时深交所官网（http：//www. szse. cn/market/product/list/etfList/index. html）也会每日公布 ETF 的基金总份额、基金单位净值、日成交额等数据。

（3）选择跟踪偏离度、跟踪误差较小的 ETF

对指数基金而言，“指数跟得紧不紧”是考察其投资管理能力最重要的指标。具体而言，就是看指数基金能否实现跟踪偏离度和跟踪误差的最小化。对于 A 股股票 ETF，通常在基金合同中约定日均跟踪偏离度的绝对值不超过 0. 2% ，年化跟踪误差不超过 2% 。对于其他类型产品（如 QDII ETF、增强 ETF、ETF 联接基金），其跟踪偏离度、跟踪误差的范围可适度放宽。

投资者可在主流交易软件中查询跟踪偏离度、跟踪误差数据。同时，投资者可在基金定期报告的“报告期内基金的业绩表现”章节中查询报告期内的基金净值表现、业绩比较基准表现；在基金定期报告的“基金份额净值增长率及其与同期业绩比较基准收益率的比较”章节中查询各时段内的基金净值收益率及标准差、业绩比较基准收益率及标准差等数据（见表2－2）。以上数据可帮助投资者判断ETF对指数的跟踪效果。

表2－2　基金定期报告节选示例

基金份额净值增长率及其与同期业绩比较基准收益率的比较

阶段	份额净值增长率①	份额净值增长率标准差②	业绩比较基准收益率③	业绩比较基准收益率标准差④	①－③	②－④
过去三个月	2.50%	1.49%	2.53%	1.49%	－0.03%	0.00%
过去六个月	－16.51%	1.47%	－16.50%	1.47%	－0.01%	0.00%
过去一年	－29.23%	1.77%	－29.37%	1.77%	0.14%	0.00%
过去三年	31.68%	1.83%	30.51%	1.83%	1.17%	0.00%
过去五年	35.57%	1.77%	33.90%	1.78%	1.67%	－0.01%
自基金合同生效起至今	161.03%	1.93%	174.57%	1.94%	－13.54%	－0.01%

注：以上内容节选自《易方达创业板交易型开放式指数证券投资基金2022年年度报告》。

（4）选择整体费用较低的 ETF

ETF 的费用不仅包括基金管理人的管理费，还包括基金托管人的托管费、基金的交易费用（佣金）、基金合同生效以后的信息披露费用、基金份额持有人大会费用、基金合同生效以后的会计师费和律师费等，各项费用均已体现在基金净值中。

其中，基金管理费、基金托管费每日计提，按月支付。其他各项费用由基金管理人和基金托管人根据有关法规及相应协议的规定，列入当期基金费用。投资者在选择 ETF 时，应从整体费率的角度挑选产品。ETF 的管理费、托管费等可在主流交易软件中查询，也可在基金合同的“基金费用与税收”章节查询。

（5）选择 ETF 管理规模较大、管理经验丰富的基金公司

选择 ETF 产品时，也应考虑基金管理人的管理规模和管理经验。基金公司的 ETF 管理规模越大、管理经验越丰富，在 ETF 产品布局、ETF 运营管理等方面就越完善。

ETF 基金的管理费用明显低于主动管理基金，属于“薄利多销”型产品。ETF 管理规模较大，基金公司将更有

意愿进行 ETF 的精细化运作，如培养行业领先的投研团队、引入更多做市商、为投资者提供更多投教和陪伴服务等。选择 ETF 管理规模更大、管理经验更丰富的基金公司，有助于提升投资者的投资体验。

第三章

参与ETF的投资方式

1. 参与 ETF 投资需要开立什么账户？

（1）投资者参与 ETF 投资时需持有证券账户

证券账户是指投资者在中国证券登记结算有限责任公司开立的人民币普通股票账户（简称“A 股账户”）或证券投资基金账户（简称“基金账户”）。已有证券账户的投资人不必再办理开户手续；尚无证券账户的投资者，需在认购前持本人身份证到中国证券登记结算有限责任公司开户代理机构办理证券账户的开户手续。

（2）账户使用注意事项

①投资者参与网下现金或网上现金认购，可以使用 A 股账户或基金账户。

②投资者以 ETF 成份股或备选成份股进行网下股票认购或基金的申购、赎回的，应使用 A 股账户。

③基金账户只能进行 ETF 的现金认购和二级市场交易。

④已购买过和 ETF 同一基金管理人发行的场外基金担任登记机构的基金的投资者，其所持有的用于登记场外基

金的基金账户不能用于认购 ETF。

2. 如何认购处在发行期的 ETF?

（1）对于股票 ETF，投资者可选择三种方式认购

投资者可选择网上现金认购、网下现金认购、网下股票认购这三种方式认购处于发行期的 ETF。其中“网”是指交易所网上系统。网上现金认购、网下现金认购以现金进行认购；网下股票认购以股票进行认购。ETF 具体开通的认购方式以基金份额发售公告为准。

①网上现金认购：投资者通过具有基金销售业务资格的证券公司，通过交易所网上系统以现金认购 ETF。网上现金认购以基金份额申请，单一账户每笔认购份额应为 1000 份或其整数倍。投资者可以多次认购，累计认购份额不设上限。

②网下现金认购：投资者通过基金管理人及发售代理机构以现金认购 ETF。网下现金认购以基金份额申请，投资者通过发售代理机构办理网下现金认购，每笔认购份额须为 1000 份或其整数倍；投资者通过基金管理人办理网下

现金认购，每笔认购份额限制由基金管理人确定。投资者可以多次认购，累计认购份额不设上限。

③网下股票认购：投资者通过基金管理人及发售代理机构以股票认购ETF。网下股票认购以单只股票股数申报，用于认购的股票必须是标的指数的成份股和已经公告的备选成份股，具体名单以基金份额发售公告为准。投资者可多次提交认购申请，个股认购规模一般不超过该个股在指数中的权重。投资者在基金份额募集期间可以重复认购。

网上现金认购、网下现金认购、网下股票认购三种认购方式的比较如表3－1所示。

表3－1　三种认购方式比较

<table>
<tr><th>项目</th><th>网上现金认购</th><th>网下现金认购</th><th>网下股票认购</th></tr>
<tr><td>认购日期及申报时间</td><td colspan="3">认购申报时间为发行期每个交易日9：15至11：30、13：00至15：00</td></tr>
<tr><td rowspan="2">认购开户</td><td colspan="2">投资者认购深交所上市ETF时，需具有深交所A股账户或深交所证券投资基金账户</td><td>使用标的指数成份股中的深交所上市股票需要参与网下股票认购，应开立深交所A股账户</td></tr>
<tr><td colspan="2">其中，深交所基金账户只能进行ETF的现金认购和二级市场交易，如投资者需要参与ETF的申购、赎回，则应开立深交所A股账户</td><td>使用标的指数成份股中的上交所上市股票需要参与网下股票认购，还应开立上交所A股账户</td></tr>
</table>

续表

项目	网上现金认购	网下现金认购	网下股票认购
销售机构	具有基金代销业务资格的证券公司，一般会在基金份额发售等相关公告中披露	**直销机构**：基金管理人 **代销机构**：一般会在基金份额发售等相关公告中披露	
基金份额发售面值及认购价格	基金份额发售面值一般为人民币1.00元，认购价格一般为人民币1.00元		
认购限额	网上现金认购、网下现金认购以基金份额申请。单一账户每笔认购份额须为**1000份或其整数倍** 投资者通过基金管理人办理网下现金认购，若认购限额有其他要求，以招募说明书、基金份额发售公告为准		网下股票认购以单只股票股数申报 单只股票最低认购申报股数为**1000股**，超过1000股的部分须为**100股的整数倍**
	基金发售期间，投资者可多次认购，累计认购份额不设上限 对于不同的认购方式需要支付相应的认购费用		
认购费用	一般在招募说明书、基金份额发售公告中披露		
募集规模上限	一般在基金份额发售公告中披露。若基金实际募集规模超过募集规模上限，基金管理人一般采取“**末日比例确认**”的方式控制募集规模		
募集期利息处理方式	网下现金认购及网上现金认购的有效认购资金在募集期间产生的**利息将折算为基金份额归投资者所有**		投资者认购股票在网下股票认购日至登记机构进行股票过户日的冻结期间所产生的**权益归投资者所有**

（2）ETF 的募集期限

ETF 的募集期限自基金份额发售之日起最长不得超过 3 个月，具体募集时间详见基金份额发售公告及销售机构相关公告。

（3）认购费用收取

ETF 的认购费用在投资人认购基金份额时收取。基金认购费用不列入基金财产，主要用于基金的市场推广、销售、登记等募集期间发生的各项费用。每只 ETF 的认购费不完全相同，详见基金发售公告。以某只深交所股票 ETF 为例，对认购费率进行阐释，如表 3－2 所示。

表 3－2　认购费率

认购份额 M（份）	认购费率
M < 50 万	0.80%
50 万≤M < 100 万	0.50%
M≥100 万	每笔 1000 元

基金管理人办理网下现金认购时按照基金发售公告的费率收取认购费用。发售代理机构办理网上现金认购、网下现金认购、网下股票认购时可参照基金发售公告的费率结构，按照不高于 0.80% 的标准收取一定的佣金。投资者申请重复现金认购的，须按每笔认购申请所对应的费率档

次分别计费。

（4）认购金额和份额的确定方法

①网上现金认购。通过发售代理机构进行网上现金认购的投资人，认购以基金份额申请。认购佣金、认购金额和利息折算的份额的计算公式为：

认购佣金 = 认购价格 × 认购份额 × 佣金比率

（若适用固定费用的，认购佣金 = 固定费用）

认购金额 = 认购价格 × 认购份额 ×（1 + 佣金比率）

（若适用固定费用的，认购金额 = 认购价格 × 认购份额 + 固定费用）

利息折算的份额 = 利息/认购价格

认购佣金由发售代理机构向投资人收取，投资人需以**现金**方式交纳认购佣金。

网上现金认购款项在基金募集期产生的利息将折算为基金份额，归投资人所有，利息折算的份额以登记机构的记录为准。利息折算的份额保留至整数位，小数部分舍去，舍去部分计入基金财产。

②网下现金认购。通过基金管理人进行网下现金认购

的投资人，认购以基金份额申请。认购费用、认购金额和利息折算的份额的计算公式为：

认购费用 = 认购价格 × 认购份额 × 认购费率

（若适用固定费用的，认购费用 = 固定费用）

认购金额 = 认购价格 × 认购份额 × （1 + 认购费率）

（若适用固定费用的，认购金额 = 认购价格 × 认购份额 + 固定费用）

利息折算的份额 = 利息/认购价格

认购费用由基金管理人向投资人收取，投资人需以现金方式交纳认购费用。

网下现金认购款项在基金募集期产生的利息将折算为基金份额，归投资人所有，利息折算的份额，以基金管理人的记录为准。利息折算的份额保留至整数位，小数部分舍去，舍去部分计入基金财产。

③网下股票认购。网下股票认购的认购份额计算公式为：

$$\text{认购份额} = \frac{\sum_i \left(\begin{matrix} \text{第 i 只股票在网下股票} \\ \text{认购期最后一日的均价} \end{matrix} \times \begin{matrix} \text{有效认} \\ \text{购数量} \end{matrix} \right)}{\text{基金份额发售面值}}$$

其中：i 代表投资人提交认购申请的第 i 只股票，如投资人仅提交了 1 只股票的申请，则 i = 1。

“第 i 只股票在网下股票认购期最后一日的均价”由基金管理人根据证券交易所的当日行情数据，以该股票的总成交金额除以总成交股数计算，以四舍五入的方法保留至小数点后两位。若该股票在当日停牌或无成交，则以同样方法计算最近一个交易日的均价作为计算价格。若某只股票在网下股票认购期最后一日至登记机构进行股票过户日的冻结期间发生了除息、送股（转增）、配股等权益变动，基金管理人将对该股票在网下股票认购期最后一日的均价进行相应调整。

“有效认购数量”是指由基金管理人确认的并由登记机构完成清算交收的股票股数。其中，对于经公告限制认购规模的个股，基金管理人可确认认购数量上限；若某一股票在股票认购日至登记机构进行股票过户日的冻结期间发生司法执行，则基金管理人将根据登记机构确认的实际过户数据对投资者的有效认购数量进行相应调整。

（5）认购时的“末日比例确认”方式

通常来讲，“末日比例确认”是为了控制基金发行规模而采用的一种配售方案。若发行期内认购申请全部确认后，基金认购总份额不超过设定的限制规模，则所有的有效申购申请全部予以确认。若发行期内，认购总份额超过了基金限制规模（假设上限为 X 亿元），则将认购总份额超过 X 亿元的当日调整为发行末日，并对末日之前的有效认购申请全部予以确认，而对末日有效认购申请采用“末日比例确认”的原则给予部分确认，未确认部分的认购款项应退还给投资者。

末日认购申请确认比例的计算方法如下：

$$\text{末日认购申请确认比例}=\frac{\text{X 亿份}-\text{末日之前有效认购申请份额总额}}{\text{末日有效认购申请份额总额}}$$

末日投资者认购申请确认份额 = 末日提交的有效认购申请份额 × 末日认购申请确认比例

其中，“末日之前有效认购申请份额总额”和“末日有效认购申请份额总额”都不包括利息。

例如，稀有金属 ETF 基金（159671）在认购时发生了末日比例确认，该基金的末日认购申请确认比例为 41.50%。对该基金来说，在末日前认购的投资者的认购申请全部确认；在末日提交认购申请的投资者，以 41.50% 的比例部分确认，未确认部分的认购款项将予以退还。

3. 如何投资已上市的 ETF?

ETF 上市后，投资者可以通过二级市场交易、一级市场申购赎回两种方式投资 ETF。

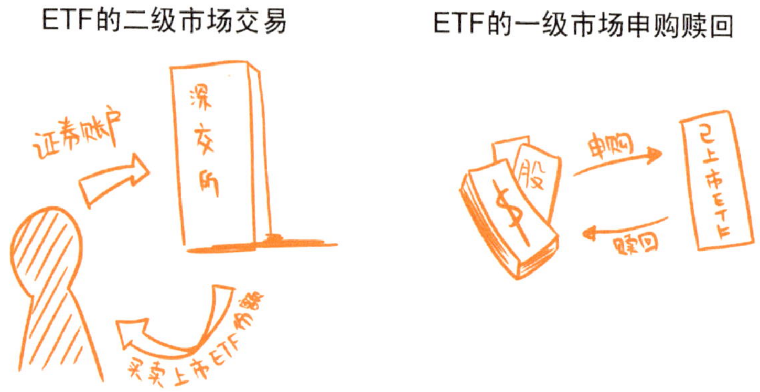

投资已上市 ETF 的方式

(1) ETF 的二级市场交易

ETF 的二级市场交易与股票交易类似。投资者可在深交所交易时间，使用证券账户，通过证券公司委托买卖深交所上市 ETF 份额，并以交易系统撮合价成交。二级市场相关交易规定如表 3－3 所示。

表 3－3　　二级市场相关交易规定

交易事项	相关规定
价格最小变动单位	买卖 ETF 以份额申报，价格最小变动单位为 **0.001 元**人民币
涨跌幅	**一般为 10%，部分产品为 20%**
单笔交易数量限制	基金份额**竞价交易**单笔申报最大数量**不得超过 100 万份** 若基金份额单笔交易数量**不低于 200 万份**，或者交易金额不低于 200 万元人民币的，可以采用**大宗交易**方式，并适用于大宗交易的相关规定
交易效率	投资者当日通过竞价交易方式买入的**债券 ETF 份额、黄金 ETF 份额、上市交易的货币市场基金份额、跨境 ETF 份额和商品期货 ETF 份额，当日可以卖出** 投资者当日买入的其他基金份额**（如单市场/跨市场股票 ETF 份额），次一交易日可以卖出**

（2）ETF 的一级市场申购赎回

申购股票 ETF 时，投资者可以用一篮子股票及现金替代等对价换取 ETF 份额。赎回股票 ETF 时，投资者可以将持有的 ETF 份额换回一篮子股票及现金替代等对价。申购赎回相关规定如表 3－4 所示。

表 3-4　申购赎回相关规定

申购赎回事项	相关规定
最小申购赎回单位	投资者申购、赎回 ETF 份额应为 **ETF 最小申购赎回单位的整数倍**。ETF 最小申购赎回单位一般会在基金**招募说明书、申购赎回清单**等相关文件中披露。**股票 ETF** 的最小申购赎回单位一般为数万份到**数百万份之间，货币 ETF 的最小申购赎回单位比较特殊，一般为 1 份**
申购赎回清单	基金管理人每日开市前根据基金资产净值、基金组合以及目标指数的成份股情况，公布申购赎回清单，**列明当日进行申购、赎回时所应交付的一篮子股票及现金替代等对价** 每日的申购赎回清单中，包含了 **ETF 的基本信息**、前一日的现金差额、最小申购赎回单位资产净值、基金份额净值、当日的预估现金、最小申购赎回单位、成份股等信息内容。成份股信息具体包括每只成份股的股票数量、申购赎回替代金额、现金替代标志、现金替代折溢价比例等，**投资者可以依据该清单内容进行当日的申购赎回** 深交所上市的 ETF 申购赎回清单可在**深交所官网—信息披露—基金信息—申购赎回清单**（http://www.szse.cn/disclosure/fund/currency/index.html）处查询，或在**基金管理人网站**查询
申购赎回代理券商	**ETF 的申购赎回需通过申购赎回代理券商办理**。申购赎回代理券商的名单详见 **ETF 开放申购赎回业务公告及新增申购赎回代办券商等相关公告**

续表

申购赎回事项	相关规定
申购赎回费用	投资者在申购或赎回时，申购赎回代理券商可按照**不超过0.5%的标准收取佣金**，其中包含证券交易所、登记机构等收取的相关费用

对于其他类型 ETF，申购、赎回方式与股票 ETF 类似。具体要求详见 ETF 开放申购赎回业务公告、申购赎回清单等信息披露文件。

特别的是，不同类型 ETF 的最小申购赎回单位可能不同，如债券 ETF 的最小申购赎回单位一般为 1 万份，货币 ETF 的最小申购赎回单位一般为 1 份。

（3）ETF 的投资效率相关规定

对于深交所各类型的 ETF，其投资效率存在一定的差异，具体投资效率如表 3－5 所示。

表 3－5　不同类别的 ETF 交易效率

ETF 类型	投资效率相关规定
单市场/跨市场股票 ETF	1. 当日买入的 ETF 份额，当日可以赎回 2. 当日申购的 ETF 份额，当日可以卖出 3. 当日赎回得到的股票，当日可以卖出 4. 当日买入的股票，当日可以用于申购 ETF 份额

续表

ETF 类型	投资效率相关规定
单市场/跨市场股票 ETF	5. 对于跨市场股票 ETF，当日通过登记结算机构申购的 ETF 份额，在交收前不得卖出或者赎回
单市场债券 ETF （以组合证券为对价申购赎回时）	1. 当日买入的 ETF 份额，当日可以赎回 2. 当日申购的 ETF 份额，当日可以赎回或者卖出 3. 当日赎回得到的债券，当日可以用于申购 ETF 份额、卖出或者申报作为质押券 4. 当日买入或者解除质押得到的债券，当日可以用于申购 ETF 份额
成份券包含银行间债券的跨市场债券 ETF （以组合证券为对价申购赎回时）	1. 当日买入的 ETF 份额，次一交易日可以赎回 2. 当日申购的 ETF 份额，在交收前不得卖出或者赎回
单市场债券 ETF、跨市场债券 ETF、黄金 ETF、商品期货 ETF、跨境 ETF （以现金为对价申购赎回时）	1. 当日买入的 ETF 份额，当日可以赎回 2. 当日申购的 ETF 份额，在交收前不得卖出或者赎回
黄金 ETF （以上金所现货实盘合约为对价申购赎回时）	1. 当日买入的 ETF 份额，次一交易日可以赎回 2. 当日申购的 ETF 份额，当日可以赎回或者卖出
货币 ETF	1. 当日买入的 ETF 份额，当日可以赎回 2. 当日申购的 ETF 份额，当日可以赎回或者卖出

4. 认购发行期 ETF 和投资已上市 ETF 的区别有哪些？

投资者可以在基金募集期认购 ETF，也可以投资已上市的 ETF，两者的主要区别如表 3 – 6 所示。

表 3 – 6　　投资 ETF 的方式

指标	认购 ETF	投资已上市 ETF	
		二级交易	一级申赎
投资时间	基金募集期，基金成立前	基金上市后	通常在基金上市后
投资门槛	低	低	较高
价格	基金份额净值 1.00 元	二级市场交易价格	当日基金份额净值
流动性	基金募集结束后将封闭一段时间，基金上市后方可卖出或赎回	高	高
费用	认购费/佣金	交易佣金	申赎佣金
跟踪效率	需要基金成立并建仓完成后才能实现对标的指数的跟踪	买入后即可实现对标的指数的跟踪	申购后即可实现对标的指数的跟踪

5. 如何看懂 ETF 每日公布的申购赎回清单?

如前文所述，ETF 的申购赎回可理解为“用一篮子股票交换 ETF 份额”，而对“一篮子股票”进行定义的即为 PCF 清单（Porfolio Composition File），即“申购赎回清单”。

操作层面上，基金公司须在每天开市前公布旗下 ETF 的 PCF 清单。投资者若想查询 PCF 清单，可在交易所网站及基金公司网站上进行查询。深交所 PCF 清单查询网址为：http：//www. szse. cn/disclosure/fund/currency/index. html。申购赎回清单示例如表 3 –7 所示。

表 3 –7　　申购赎回清单示例

基本信息	
最新公告日期	××××年×月×日
基金名称	××基金
基金管理公司名称	××
基金代码	××××××
T –1 日信息内容	
现金差额	××××元
基金份额净值	×××××元

续表

T日信息内容	
最小申购、赎回单位的预估现金部分	××××元
现金替代比例上限	××%
申购上限	××份
赎回上限	××份
最小申购、赎回单位	××份
最小申购赎回单位现金红利	××××元
申购赎回组合证券只数	××
是否需要公布IOPV	是
申购赎回的允许情况	允许申购、允许赎回

T日成份股信息内容						
证券代码	证券简称	股票数量（股）	现金替代标志	申购现金替代溢价比率	赎回现金替代折价比率	替代金额

我们以深交所的创业板ETF（159915）某一日的PCF清单为例，其主要内容如下：

（1）基本信息（见图3－1）

PCF清单第一部分为基本信息，包括基金名称、基金管理公司名称、基金代码、目标指数代码、基金类型等。

创业板ETF申购赎回清单
（2023-06-30）

基本信息

基金名称：	创业板ETF
基金管理公司名称：	易方达基金管理有限公司
基金代码：	159915
目标指数代码：	399006
基金类型：	本市场ETF

图3－1　创业板ETF申购赎回清单

（2）近两日信息内容（见图3－2）

2023-06-29 信息内容

现金差额：	367.54元
最小申购、赎回单位资产净值：	2125843.54元
基金份额净值：	2.1258元

2023-06-30 信息内容

预估现金差额：	693.54元
可以现金替代比例上限：	42.00%
是否需要公布IOPV：	是
最小申购、赎回单位：	1000000.00份
最小申购赎回单位现金红利：	0.00元
申购赎回组合证券只数：	100只
全部申购赎回组合证券只数：	100只
是否开放申购：	允许
是否开放赎回：	允许
当天净申购的基金份额上限：	不设上限
当天净赎回的基金份额上限：	不设上限
单个证券账户当天净申购的基金份额上限：	不设上限
单个证券账户当天净赎回的基金份额上限：	不设上限
当天累计可申购的基金份额上限：	不设上限
当天累计可赎回的基金份额上限：	2300000000份
单个证券账户当天累计可申购的基金份额上限：	不设上限
单个证券账户当天累计可赎回的基金份额上限：	不设上限

图3－2　近两日信息内容

紧接着，基本信息是近两日信息内容，主要包括 T－1 日现金差额、最小申赎单位资产净值，以及 T 日预估现金差额、现金替代比例上限等。T 日一般为深交所、上交所交易日。

①T－1 日现金差额、T 日预估现金差额：代表申赎篮子的股票市值（即 PCF 清单中股票市值）与对应份额的资产净值之间的差额。因为基金份额净值每日晚间公布，所以 T 日的 PCF 会在早上公告 T 日的预估现金差额及 T－1 日现金差额。T 日的预估现金差额供当日参与投资的投资者参考，实际交易后确定多退少补。

可将计算公式简化：

T 日预估现金差额＝T－1 日最小申购/赎回单位的基金资产净值－T 日 PCF 清单股票市值（以 T 日开盘参考价计算）

T－1 日现金差额＝T－1 日最小申购/赎回单位的基金资产净值－［T－1 日 PCF 清单股票市值（以 T－1 日收盘价计算）］

现金差额的数值可能为正、为负或为零。在投资者申购时，如现金差额为正数，则投资者支付相应的现金，如现金差额为负数，则投资者获得相应的现金；在投资者赎回时，如现金差额为正数，则投资者获得相应的现金，如现金差额为负数，则投资者支付相应的现金。

②最小申购/赎回单位、最小申购/赎回单位资产净值、基金份额净值：最小申购/赎回单位约定了1份PCF所兑换的ETF的份额；基金份额净值根据基金公司估值系统计算。

最小申购/赎回单位资产净值 = 最小申购/赎回单位 × 基金份额净值

例如，T日某ETF的最小申购/赎回单位为100万份，按照T日基金份额净值（2.1602）计算，最小申购/赎回单位资产净值约为216万元。

③是否开放申购/赎回：若设置为“允许”，则可完成ETF的申赎操作。

④申购/赎回上限：当日申购以及赎回ETF份额的上限。如图3－2所示，T日的消费ETF没有申购上限，只有累计赎回上限23亿份。

（3）成份股信息内容（见图3－3）

证券代码	证券简称	股份数量	现金替代标志	申购现金替代保证金率	赎回现金替代保证金率	申购替代金额	赎回替代金额	挂牌市场
300001	特锐德	500	允许	20.00%	--	0.0000	0.0000	深圳市场

图3－3　组合信息内容

最后一部分为成份股内容，包含成份股代码、简称、数量等基本信息，也包括现金替代标志及申购/赎回现金替代保证金率等。

①现金替代标志。现金替代是指申购/赎回过程中，投资者以一定数量的现金替代组合证券中的部分证券。

现金替代分为三种类型：禁止现金替代（标志为“禁止”）、可以现金替代（标志为“允许”）和必须现金替代（标志为“必须”）。对于清单中的成份证券，现金替代的类型可以设为“禁止”“允许”和“必须”（见表3-8）。

表3-8　现金替代标识含义

现金替代标志	含义
禁止	申购、赎回时，不允许现金替代
允许	申购时允许现金替代，赎回时不允许现金替代
必须	申购、赎回时，必须使用固定现金替代

以上概念中，必须现金替代（标志为“必须”）与可以现金替代（标志为“允许”）容易混淆。我们首先以投资者申购ETF为例。

“必须现金替代”时，成份股按照T日的开盘参考价计算其价值，投资者申购时直接以现金替换成份股即可。此时，现金替代金额是固定的。

“允许现金替代”时，投资者既可以现金替代，也可以实物申购。如果投资者选择以现金替代成份股，基金公司拿到投资者的现金再去购买成份股。现金替代金额是浮动的，因为基金公司购买成份股时，其价格可能高于 T－1 日收盘价，也可能低于收盘价。

“禁止现金替代”时，投资者必须以成份股直接换购 ETF。

投资者赎回时，现金替代的处理方式与申购类似，只是流程相反。但要注意的是，允许现金替代时，则赎回时该成份股不允许现金替代，投资者将直接获得实物证券。

目前，深交所上市 ETF 整体上采用“深市成份股可以实物申赎，沪市成份股只能现金替代”的申赎模式，在 PCF 清单中对深市和沪市成份股的处理方式是不同的。例如，如果成份股在深交所上市，现金替代标志为“允许”，则意味着该成份股在申购时允许现金替代，但赎回时不允许现金替代。而如果成份股在上交所上市，现金替代标志为“允许”，投资者申赎只能使用现金对价，但现金替代金额是浮动的，根据基金管理人代买卖股票的实际成交价格确定。未来，如果 ETF 申赎模式进一步发展，跨深沪市场的全实物申赎推出上线，深市和沪市成份股处理方式将不再有差别。

②申购/赎回现金替代保证金率。在申购环节，如果涉及代买成份股，基金公司会预先收取一定的溢价比例，在购买成份股后，将多余的金额退还、不足的金额补足（多退少补）。此处多收取的溢价比例即为 PCF 清单中的“申购现金替代保证金率”。

同样，在赎回环节，基金公司在 ETF 赎回时也将确定现金替代的折价比例，即为 PCF 清单中的“赎回现金替代保证金率”，并在完成卖出成份股的动作后多退少补。

若在实际申赎时对某成份股以现金替代，则具体计算公式为：

申购替代金额 = 替代证券数量 × 该证券参考价格 ×（1 + 申购现金替代保证金率）

赎回替代金额 = 替代证券数量 × 该证券参考价格 ×（1 – 赎回现金替代保证金率）

其中，该证券参考价格目前为该证券经除权除息调整的 T – 1 日收盘价。

③申赎现金。部分 ETF 产品的 PCF 清单中还有“申赎

现金”一项。申赎现金是 PCF 清单中特殊的一项，该项的证券代码也并非股票代码，而是用 ETF 代码代指。“申赎现金”不属于组合成份证券，而是为了便于登记机构的清算交收安排，在申购赎回清单中增加的虚拟证券。

申赎现金的现金替代标志为“必须”，但含义与组合成份证券的必须现金替代不同。现阶段，深交所上市 ETF 的“申赎现金”替代金额为现金替代标志为“必须”的沪市成份证券的必须现金替代与现金替代标志为“允许”的沪市成份证券的现金替代金额之和。

④申购、赎回的清算交收规则。投资者 T 日申购成功后，登记机构在 T 日收市后办理基金份额与组合证券交收以及现金替代的清算；在 T+1 日办理现金替代的交收以及现金差额的清算；在 T+2 日办理现金差额的交收。

投资者 T 日赎回成功后，登记机构在 T 日收市后办理基金份额的注销与组合证券交收以及现金替代的清算；在 T+1 日办理现金替代的交收以及现金差额的清算；在 T+2 日办理现金差额的交收。

6. 交易和申购赎回 ETF 时是否有可参考价格?

交易和申购赎回 ETF 时可以参考 IOPV，即基金份额参考净值（Indicative Optimized Portfolio Value）。IOPV 由基金管理人或者基金管理人委托的机构（一般为指数编制机构）根据申购赎回清单和组合证券内各只证券的实时成交数据计算，并通过交易所发布，一般每 15 秒更新一次。IOPV 计算公式为：

基金份额参考净值 =（申购赎回清单中必须用现金替代的替代金额 + 申购赎回清单中可以用现金替代成份证券的数量与最新成交价相乘之和 + 申购赎回清单中禁止用现金替代成份证券的数量与最新成交价相乘之和 + 申购赎回清单中的预估现金差额）/最小申购赎回单位对应的基金份额

ETF 引入 IOPV 指标，能够较为准确地反映 ETF 份额盘中的实时净值，提高了交易的透明度，有利于投资者作出投资决策。但 IOPV 是“基金份额参考净值”，与实际的基金份额净值仍有少许差距，主要原因为申购赎回清单并非

100%复制了基金持仓，因此IOPV被称为参考值。

投资者可以在主流交易软件中查询IOPV，并可以在ETF的分时走势图中进行展示。由于IOPV每15秒更新一次，通常连成一条线和ETF的交易价格显示在一起，例如在Wind中显示如图3－4（橘色线为交易价格，黑色线为IOPV）所示。

由于ETF的实物申购赎回机制能够有效降低ETF的折溢价，ETF的交易价格与IOPV通常十分接近，如图3－4中ETF的交易价格（橘色线）、IOPV（黑色线）走势基本一致。

需要注意的是，由于交易时间、流动性等限制，并非每只ETF都会提供实时IOPV。通常来说，提供实时IOPV的产品包括A股ETF、港股ETF、沪深港ETF、商品ETF及部分债券ETF等。

IOPV为二级市场价格的锚，投资者在二级市场交易ETF时，可参考ETF的IOPV作为投资决策依据。投资者申购或赎回ETF时，同样可以参考IOPV。因为ETF T日的基金份额净值在当天收市后计算，并在T＋1日公告，投资者申赎回ETF时，并不知道ETF份额的净值，所以，可以参考IOPV进行申赎。同时，投资者需注意，由于股价的波动，申赎时日间IOPV或与日终基金份额净值存在差异。

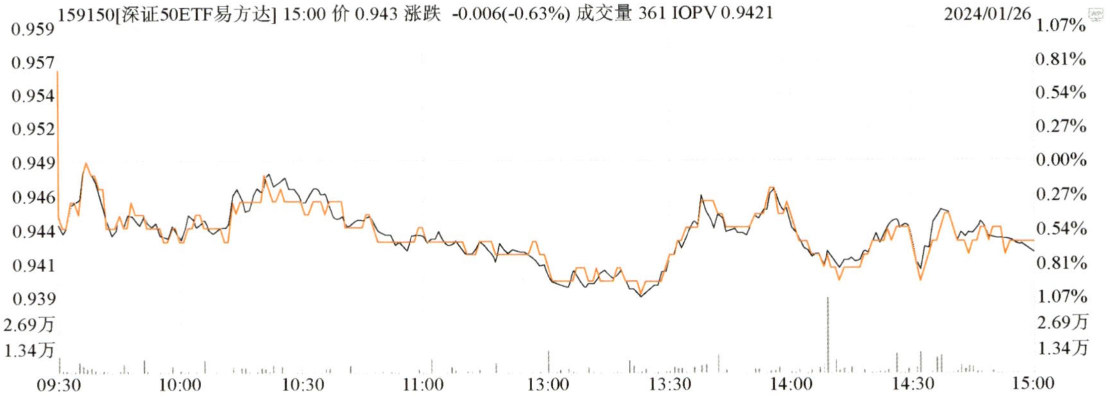

图 3－4　IOPV 走势示例

注：此为深证 50 ETF 易方达（159150）于 2024 年 1 月 26 日的分时 IOPV 走势图。

IOPV 提升了 ETF 估值的效率，方便投资者实时了解 ETF 的净值变动，为投资者的投资决策提供了有效依据。

7. 什么是 ETF 份额折算和分红？

（1）ETF 份额折算

ETF 份额折算，是指在基金资产净值不变的前提下，按照一定比例调整基金份额总额及基金份额净值。例如，如果持有人现有 1000 份 ETF，净值为 2 元，基金总份额为 2 亿份；如果进行折算，将净值调整为 1 元，则持有人的 ETF 份额将相应调整为 2000 份，同时基金总份额将调整为 4 亿份。

基金份额折算后，ETF 的基金份额总额与持有人持有的基金份额数额将发生调整，但调整后的持有人的资产不发生变化，其持有的基金份额所代表的基金资产占基金总资产的比例不发生变化，对基金份额持有人的权益无实质性影响。在上述例子中，持有人在折算前持有的基金资产为：

$$1000 \times 2 = 2000 \text{ 元}$$

占基金总资产的比例 = 1000 份/2 亿份 = 20 万分之一

折算后，持有人持有的基金资产为：

$$2000 \times 1 = 2000 \text{ 元}$$

占基金总资产的比例 = 2000 份/4 亿份 = 20 万分之一

这就是说，在折算前后，持有人持有的基金资产以及这部分资产占基金总资产的比例都是不变的。

ETF 份额折算可能有多种原因，较为常见的有两种。一种情况是，为了让投资者清楚直观地了解基金净值与所跟踪指数的涨跌情况，以标的指数的 1‰（或 2‰、3‰等）为基准进行折算。例如，沪深 300 指数点位约为 4000 点，若将跟踪该指数的 ETF 份额净值折算为 0.4 元左右，则投资者可根据指数点位涨跌情况判断 ETF 净值的大致变化；反之亦然。

另一种情况为通过折算提升 ETF 的交易便利性。例如，某 ETF 的净值为 4 元，则交易 1 手需要 $4 \times 100 = 400$ 元；若将该 ETF 进行折算，净值调整为 1 元，则交易 1 手仅需要 $1 \times 100 = 100$ 元，从而提升了该 ETF 的交易便利性。

（2）ETF 分红

ETF 的基金合同一般会约定当 ETF 的累计报酬率或基

金净值增长率超过标的指数同期累计报酬率或增长率一定阈值时，基金管理人可以进行收益分配。ETF 的分红方式一般为现金分红。

ETF 的分红比例根据以下原则确定：使收益分配后基金累计报酬率或净值增长率贴近标的指数同期累计报酬率。其中：

基金累计报酬率 =（收益评价日基金份额净值 ÷ 基金上市前一日基金份额净值 − 1）×100%（期间如发生基金份额折算，则以基金份额折算日为初始日重新计算）

标的指数同期累计报酬率 =（收益评价日标的指数收盘值 ÷ 基金上市前一日标的指数收盘值 − 1）×100%（期间如发生基金份额折算，则以基金份额折算日为初始日重新计算）

基金收益评价日本基金相对标的指数的超额收益率 = 基金累计报酬率 − 标的指数同期累计报酬率

8. 什么是 ETF 联接基金？

投资者直接认购、申购赎回或交易 ETF 时需具有并使用证券账户，证券账户包括A股账户和证券投资基金账户。投资者如果没有证券账户，可以通过投资ETF联接基金实现间接参与ETF投资。

ETF联接基金将绝大部分基金资产投资于跟踪同一管理人管理的同一标的指数的ETF，投资比例一般不低于基金资产净值的90%。ETF联接基金和对应ETF的风险收益特征具有很强的相关性，持有ETF联接基金相当于间接持有ETF，可以获得与投资ETF近似的回报。投资者以现金申购ETF联接基金的方式将资金集中到基金管理人处，再由基金管理人将联接基金的资产统一投资于相应的ETF，相当于基金管理人代投资者进行ETF投资。

由于主流的ETF联接基金属于场外基金（即在证券交易市场以外的场所进行投资的基金），无须证券账户即可参与投资，与投资其他普通的开放式基金相同。目前，部分ETF配套发行了ETF联接基金，投资者可以通过银行、证券公司、互联网平台等场外代销渠道以及基金公司的直销平台等途径申购ETF对应的联接基金间接参与ETF投资，分享ETF投资收益。

投资 ETF 与 ETF 联接基金的关系示意图

9. ETF 和 ETF 联接基金份额的区别有哪些?

ETF 联接基金虽然将绝大部分基金资产投资于跟踪同一标的指数的目标 ETF，与 ETF 的风险收益特征具有很强的相关性，但是两者在基金投资运作、购买交易方式等方面也存在差异。

（1）投资标的

ETF 直接投资于标的指数的成份股；ETF 联接基金采取间接投资的方式，通过将绝大部分基金资产投资于目标 ETF 以实现跟踪标的指数表现的目的。

（2）投资比例

ETF 由于采用实物申购、赎回机制，其股票资产投资比例最高可以达到 100%。ETF 联接基金需要保留至少 5% 的现金等流动资产应对现金申购、赎回，其通过 ETF 间接持有的股票资产投资比例最高为 95%。因此，ETF 联接基金通过投资 ETF 对标的指数的跟踪误差通常大于 ETF，具体表现为指数上涨/下跌时，ETF 联接基金上涨/下跌幅度小于 ETF。根据投资比例的差异，相对应的是，ETF 的业绩比较基准通常为标的指数收益率，而 ETF 联接基金的业绩比较基准一般为"标的指数收益率 ×95% + 银行活期存款利率（税后）×5%"。

（3）投资方式

ETF 实行一级市场申购、赎回和二级市场交易并存的投资交易制度，投资者既可以按照申购、赎回清单的要求，采用份额申购和份额赎回的方式在场内申购赎回 ETF，也可以按照市场价格在场内买卖 ETF。ETF 联接基金一般不在证券交易所上市交易，主要只能通过场外现金申购赎回进行投资，申购、赎回规则与普通的开放式基金相同，采用金额申购、份额赎回的方式。

（4）投资门槛

ETF 申购、赎回由于采用实物申购、赎回机制，投资门槛较高，一般最小申购赎回单位为几十万份甚至上百万份，ETF 交易需满足证券交易所的申报数量要求，需为 100 份或其整数倍。ETF 联接基金的投资交易门槛与普通的开放式基金相同，最低可低至 1 元。

（5）投资渠道

ETF 为场内基金，其申购赎回和交易须通过证券公司使用证券账户参与。ETF 联接基金主要为场外基金，可以通过银行、证券公司、互联网平台等代销渠道以及基金公司的直销平台进行投资，场外申赎无须使用证券账户。

（6）结算价格

ETF 具有申购、赎回和交易两种投资方式，申购、赎回的投资结算价格是申购、赎回清单规定的申购、赎回对价，交易的成交结算价格是市场实时价格。ETF 的市场价格实时变动，根据供求关系等因素发生变化，通常，不同交易时间价格不同，投资者可以在日内盘中根据需求和判断按照市场价格实时买卖 ETF 份额，成交价格更及时、透明，投资方式更灵活、高效。ETF 联接基金申购赎回以申请当日收市后计算的基金份额净值为申购赎回价格，价格未知且相对滞后，但投资方式操作简单，便于理解，适合缺乏交易经验的投资者，也更便于开展定投。

（7）投资费用

ETF 申购、赎回费用主要是申购、赎回佣金，交易费用主要是交易佣金，均由证券公司收取。ETF 联接基金需要收取申购费（A 类份额）或销售服务费（C 类份额）和赎回费，通常高于 ETF 的申购、赎回和交易佣金。

（8）投资效率

ETF 在二级市场可实现实时交易，买卖效率较高，且卖出基金份额后的资金使用效率较高，到账时间相对更快；而 ETF 联接基金申购赎回一般是 T+1 日确认，申购赎回效率相对较慢，赎回资金到账时间也相对较长。二者对比见表 3-9。

表 3-9　　ETF 和 ETF 联接基金对比

项目	ETF	ETF 联接基金
投资标的	标的指数的成份股、备选成份股	跟踪同一标的指数的 ETF
投资比例	最高可达 100%，理论上跟踪误差相对较小	不能超过 95%，跟踪误差高于 ETF

续表

项目	ETF	ETF 联接基金
业绩比较基准	标的指数收益率	标的指数收益率×95%＋银行活期存款利率（税后）×5%
投资渠道	场内：证券公司	场外：银行、证券公司、互联网平台等代销渠道以及基金公司的直销平台
投资方式	场内交易、场内实物申购赎回，份额申购赎回和交易	场外现金申购赎回，金额申购、份额赎回
投资门槛	交易：100 份或其整数倍 申购：最小申购赎回单位的几十万份甚至上百万份	最低可低至 1 元
投资费用	交易：交易佣金，监管要求不高于 0.3%，下限单笔最低 5 元，不同证券公司的收取标准各有差异 申购赎回：申购赎回佣金，招募说明书中规定上限（一般最高为 0.5%），证券公司在该范围内自行决定收取标准，无最低下限要求	申购费（A 类份额，一般不超过 1.5%）或销售服务费（C 类份额，一般不超过年化 0.5%） 赎回费（一般不超过 1.5%，按持有时间情况收取）
投资价格	交易：市场实时价格 申购赎回：申购赎回清单规定的申购赎回对价	申请当日收市后计算的基金份额净值，未知价原则

续表

项目	ETF	ETF 联接基金
投资效率	交易：日内盘中实时交易 申购赎回：一般 T 日确认	一般 T+1 日确认
资金使用效率	交易：T 日卖出份额，T 日即可用于买入股票或 ETF，T+1 日可取 赎回：按照招募说明书规定的到账时间	赎回款一般至少三四个交易日到账
投资特点	成交价格及时、透明	申购赎回价格未知
	投资方式灵活、高效	投资操作简单
	可以盘中实时交易、日内择时、波段操作	较好满足定投需求
适合投资者类型	对跟踪效果要求高， 对销售费用敏感， 有交易需求，价格分析能力	对跟踪效果不敏感， 对销售费用不敏感， 有定投需求，没有时间盯盘

第四章

选择合适的ETF交易策略

1. 交易 ETF 可以关注什么指标?

和交易股票类似，ETF 也有估值和技术相关指标值作为交易执行的参考。

（1）ETF 跟踪指数估值指标

估值指标，如市盈率（PE）、市净率（PB）和股息率（Dividend Yield），可以帮助投资者理解 ETF 追踪的底层资产的基本面价值。

市盈率（PE）：投资者支付每股收益的价格，用于评估一个公司是否被高估或低估。在 ETF 交易中，如果投资者发现某个 ETF 所跟踪的底层资产的市盈率较低，可能表示这些资产被市场低估，存在一定的上涨空间。因此，投资者可能会选择购买这个 ETF，以期待在资产价值上升时获利。

市净率（PB）：股票价格与每股净资产的比率，用来反映公司资产的价值。较低的市净率可能意味着股票价格低于其实际价值，对投资者而言可能存在投资机会。在 ETF 交易中，如果一个 ETF 跟踪的底层资产的市净率较低，投资者可能会选择购买，因为这可能表示底层资产被市场低估，有潜力在未来实现价值回归。

股息率（Dividend Yield）：股息率反映了一个 ETF 基于其价格分发的股息，可以帮助投资者评估收益的稳定性。一般来说，股息率较高的 ETF 可能代表该 ETF 有稳定的现金流入，对于寻求稳定收益的投资者来说，高股息率的 ETF 是一个较好的选择。

（2）ETF 成份股财务信息（见表 4－1）

表 4－1　创业板 ETF 成份股财务信息报告示例

指标	2022 年	2021 年	本年比上年增减	2020 年
营业收入（亿元）	693.89	347.00	99.97%	174.56
归属于上市公司股东的净利润（亿元）	74.86	46.05	62.56%	25.37
归属于上市公司股东的扣除非经常性损益的净利润（亿元）	69.37	40.23	72.44%	22.79
经营活动产生的现金流量净额（亿元）	119.92	94.78	26.52%	42.68
研发投入金额（亿元）	33.19	19.60	69.35%	8.94
基本每股收益（元/股）	3.9107	2.7483	42.30%	1.7649
稀释每股收益（元/股）	3.8916	2.7330	42.39%	1.7425
加权平均净资产收益率	21.67%	18.91%	2.76%	16.37%

续表

指标	2022 年	2021 年	本年比上年增减	2020 年
加权平均资产负债率	66.55%	65.90%	0.64%	52.33%
加权平均毛利润率	22.32%	27.20%	-4.88%	30.67%
加权平均净利润率	11.51%	14.35%	-2.85%	15.09%
加权平均研发投入占营业收入比例	4.78%	5.65%	-0.86%	5.12%
资产总额（亿元）	1359.79	860.24	58.07%	421.73
归属于上市公司股东的净资产（亿元）	428.43	274.77	55.92%	191.39

资料来源：Wind，截至 2022 年 12 月 31 日；上述财务数据根据指数每年末的成份股权重和年报数据加权计算形成。

2. 什么情形适合长期持有 ETF?

通过ETF进行大类资产配置　估值水平处于历史低位　看好行业板块的长期产业趋势

把 ETF 作为长期投资工具的情形

（1）通过 ETF 进行大类资产配置

大类资产配置，是指投资者根据自身的风险厌恶程度和资产的风险收益特征，确定各类资产的投资比例，从而达到降低投资风险和增加投资回报的目的。资产配置通常分为战略性资产配置和战术性资产配置，其中战略性资产配置反映投资者的长期投资目标和政策，通过配置不同类型的大类资产（如现金、股票、债券、商品），以建立最佳长期资产组合结构，实现特定风险水平下的收益最大化。战略性资产配置结构一旦确定，在较长时间内不再调节各类资产的配置比例。战术性资产配置则更多地关注市场的短期波动，强调根据市场的变化，运用金融工具，通过择时和证券选择，主动调节各大类资产之间的分配比例以及各大类资产内部的具体构成，用来管理短期的投资收益和投资风险。

适合进行战略资产配置的 ETF 包括三类：一是代表性强、覆盖面广的宽基 ETF，如沪深 300 ETF、中证 500 ETF、中证 1000 ETF 等核心宽基 ETF，分享长期经济增长红利。二是跨境 ETF，如纳指 ETF、标普 500 ETF，在资产组合中加入跨境 ETF，可以降低整体资产与 A 股资产的相关性，分散投资不同股票市场的风险。三是商品 ETF，如黄金 ETF

具有一定避险属性，资产组合中引入相关资产能够进一步丰富资产类别，分散资产组合风险。

（2）估值水平处于历史低位

A 股市场整体波动性较大，投资者往往在行情高位买入，因此很容易形成难以盈利的错觉。而在市场行情底部买入并长期持有，往往能够带来较高的回报率。

估值是判断板块是否处于低位的最简单的方法，较为简单易用的方法是估值分位数法，即当下板块的估值处于历史上何种分位数水平。估值水平分位数法的隐含假设是估值具有均值回归的特性，且盈利水平保持稳定。但实际上，影响估值的因素较多，如经营业绩是否能够维持当下增长速度、市场的整体风险偏好、产业趋势等，均可能使估值的波动脱离均值回归的影响力。此外，盈利水平可能波动较大，尤其是周期板块，在产业低点时往往由于盈利水平较低甚至亏损，导致企业估值水平反而处于历史高位；随着产业周期性复苏，盈利能力快速修复，股价上涨，但估值水平反而因此下降。整体来说，估值水平分位数法由于其易用性和数据可得性，仍然具有一定的关注价值。

对于市场恐慌情绪下导致的极端低位买入的 ETF，通常会选择宽基 ETF，如沪深 300 ETF、中证 500 ETF、中证

1000 ETF。这些宽基 ETF 由于行业充分分散，能够有效避免行业选择失误带来的问题。对于部分行业来说，其行业板块走势与 A 股整体关联度不高，也可以在标的行业指数处于极端低位时，通过行业主题 ETF 进行配置。

（3）看好行业板块的长期产业趋势

近年来，在制造业升级、消费升级、能源转型的背景下，部分产业由于政策支持和产业升级出现行业层面快速增长。产业趋势带来行业板块的长期投资机会，投资者可以选择具备长期产业趋势领域的行业主题 ETF 进行长期持有，如先进制造、数字经济、绿色低碳等领域。需要注意的是，即使是具备长期产业趋势的板块，也可能在中短期波动较大，投资者在进行投资配置时，需要对基本面趋势进行判断，如基本面趋势向上，则适合长期持有。

3. 运用 ETF 进行大类资产配置的策略有哪些?

由于 ETF 具有高透明度、交易灵活、费用相对较低、可实时交易，且覆盖的资产类别广泛的特点，ETF 可以灵活且高效地实现大类资产配置。主流的资产配置策略包括：

（1）60/40 策略

这是最基本、最常见的资产配置策略，投资者将 60% 的资产投入股票市场，40% 的资产投入债券市场，并定期（如每个月）进行再平衡该分配比例。这种配置是基于股票和债券的长期表现及其互补性：股票在经济景气时期往往表现优异，而债券在经济不景气时期可以提供稳定的收益和保值功能。从相关策略历史表现来看，与全部资产投资于股票市场相比，该策略可以有效降低最大回撤。

在策略实施方面，目前国内已有较为丰富的股票 ETF 和债券 ETF 投资标的，可以选择进行配置。值得关注的是，股票资产和债券资产的互补性可能会阶段性失效，如 2022 年通货膨胀和不断上升的利率使两类资产同时遭受损失。

（2）全球多元化策略

这种策略旨在通过投资多种资产类别（包括股票、债券、现金、房地产、大宗商品等）和多个地区（包括不同国家和地理区域）来实现投资的多元化，以降低投资风险和提高投资回报。例如，除了股票 ETF 和债券 ETF 外，投资者还可以添加黄金 ETF、货币 ETF、公募 REITs 等到投资组合中。

（3）动态资产配置策略

这种策略是根据市场环境和经济周期的变化调整各类资产的配置比例。例如，在经济扩张期，投资者可能会增加股票 ETF 的比例，而在经济衰退期，投资者可能会增加债券 ETF 和货币 ETF 的比例。为了实现这一策略，投资者需要选择多种 ETF，以便灵活调整资产配置，如图 4－1 所示。

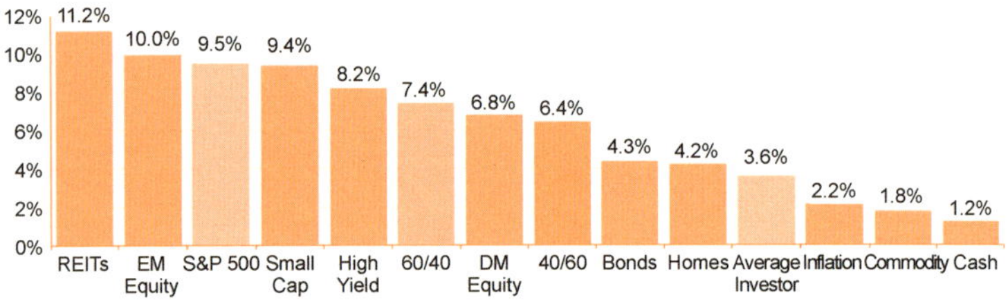

图 4－1　各类资产的年化收益对比（2002—2021 年）

资料来源：JP Morgan。

4. 什么情形适合波段交易 ETF？

（1）通过波动率较高的 ETF 把握波段机会

ETF 由于较好的流动性、分散化投资减少踩雷风险、无印花税手续费低廉等优点，深受交易型投资者青睐。对

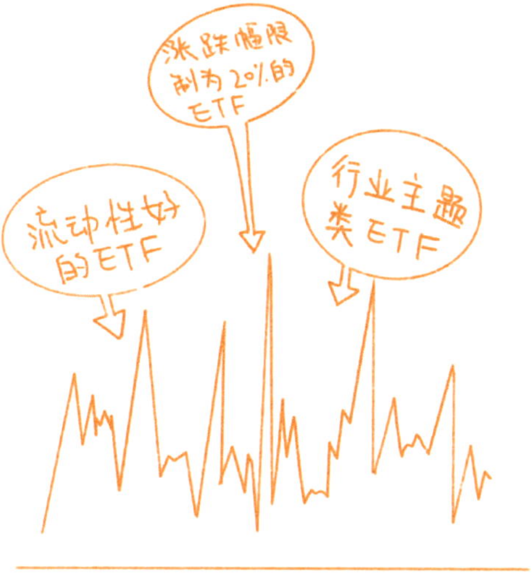

通过波动率较高的 ETF 把握波段机会

于交易水平较高的投资者，能够把握市场波动机会，通过低价买入并高价卖出获利。这种情况下，需要尽可能选择波动率较高的 ETF 进行交易。具体可通过以下方面进行标的 ETF 选择。

①流动性好的 ETF：流动性是交易型投资者最为关注的指标，关系到投资者的冲击成本。在选择 ETF 时，需要尽可能选择规模较大、流动性较好的 ETF，盘口报价活跃的 ETF 往往具有流动性服务商参与做市，一般有更好的流动性。

②行业主题类 ETF：近年来，A 股结构性行情特征明显，常常出现少数行业主题板块吸引大量资金关注，行情走势强劲，而其他多数行业主题板块走势偏弱的情况。在使用 ETF 进行波动交易时，投资者可以关注成交额明显放大，或成交额占市场比重处于历史较高水平的行业主题类 ETF，把握价格快速变化带来的投资机会。

③涨跌幅限制为 20% 的 ETF：根据 A 股现行交易规则，主板股票涨跌幅限制为 10%，创业板/科创板股票涨跌幅限制为 20%。创业板/科创板股票占比较多的 ETF 涨跌幅限制也为 20%，相对来说，波动率可能更高，具有更多的波段操作机会。

（2）通过 T+0 机制把握交易机会

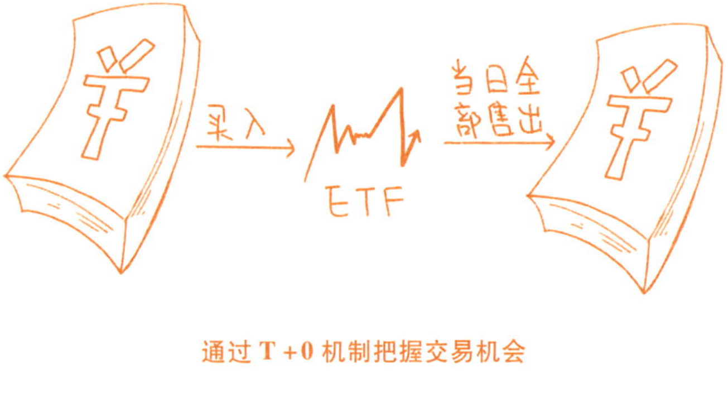

通过 T+0 机制把握交易机会

根据 A 股现行交易规则，跨境 ETF、债券 ETF、商品 ETF、货币 ETF 均可以进行 T +0 交易。T +0 的交易机制使日内交易成为可能，交易能力较强的投资者可以通过上述实施 T +0 交易的 ETF 捕捉日内波段交易机会。

对于其他不能执行 T +0 交易的 ETF，投资者也可以通过 ETF 独特的一、二级市场联动机制进行波段交易。例如，在看好日内行情时，投资者可以根据 ETF 申购赎回清单买入一篮子股票并申购 ETF，当行情演绎完成获利了结时，投资者可直接卖出 ETF。上述买入股票—申购 ETF—卖出 ETF 的操作可以日内完成，从而实现波段交易。需要注意的是，ETF 申购具有较高的投资门槛，适合资金体量较大的投资者。

5. 什么情形适合定投 ETF?

基金定投是定期定额投资基金的简称，是指每隔固定时间，将固定的金额投资至指定开放式基金的过程，类似银行的零存整取方式。基金定投从投资到收获的过程往往构成一段弧线，即我们通常说的“微笑曲线”。普通投资者很难适时掌握正确的投资时点，可能会常常出现“追涨杀跌”的情形。与一次性投资相比，基金定投具有手续简单、省时省力、能够分散平摊投资风险的特点。投资者在市场低迷的时候持续投入，能够获取低成本的筹码、摊薄成本，并在市场回升时获利。

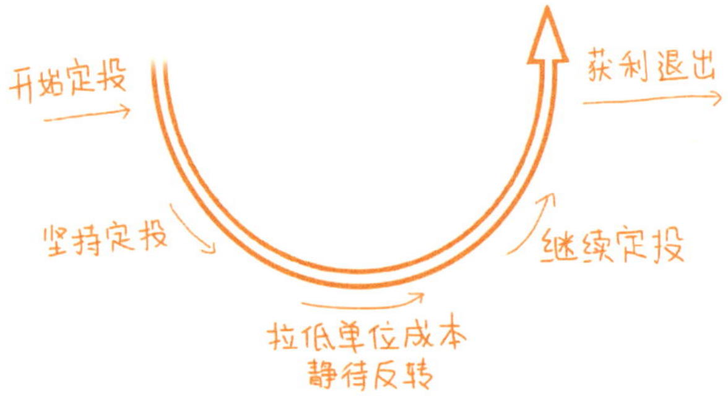

微笑曲线

基金定投最大的特点在于分批进场，使长期投资简单化，能够抹平基金净值的高峰和低谷，大大降低投资择时失误所带来的风险。在市场进入短暂熊市的时候，定投策略依然能够奏效。投资者在市场下跌时进场布局，以低成本持续积累份额，避免了牛市来临之时踏空的风险，可获得比一次性投入更可观的收益。

一般而言，波动率越大、成长性越好的指数，通过定投在牛市时卖出所获得的收益率越高。波动率越高，指数的弹性就越强；而成长性越好，则说明指数未来的发展空间越大，也就具有更高的成长价值。因此，高弹性、高成长性的指数更适合进行定投。

对普通散户而言，定投可以通过投资 ETF 或者 ETF 联接基金的方式实现。目前，已有部分券商系统可以支持 ETF 定投，而 ETF 联接基金的定投也已在各大互联网平台、银行渠道上线。对于设有多个份额的 ETF 联接基金，一般 A 份额收取一次性申购费而无销售服务费，适合投资者进行长期定投；而 C 份额则一般根据投资者持有时间按一定比例收取销售服务费，而无申购费，更适合投资者进行短期投资。投资者若开展定期投资，建议尽量选择场外的 A 份额进行操作。

6. 如何运用 ETF 进行流动性管理?

投资者选择场内闲置资金流动性管理工具的核心诉求在于资金即时可用、场内流动性强、投资标的稳健、交易成本低廉等。货币 ETF 及债券 ETF 兼具上述优势，是投资者进行流动性管理的优质选择。货币 ETF 具备 T+0 交易、投资标的风险低、场内流动性强等优势。债券 ETF 支持 T+0 交易，且质押式回购非常便利 ETF 持有人进行流动性管理。使用货币 ETF 及债券 ETF 进行流动性管理的应用方式包括但不限于以下场景。

（1）现金资产投资，增厚组合收益

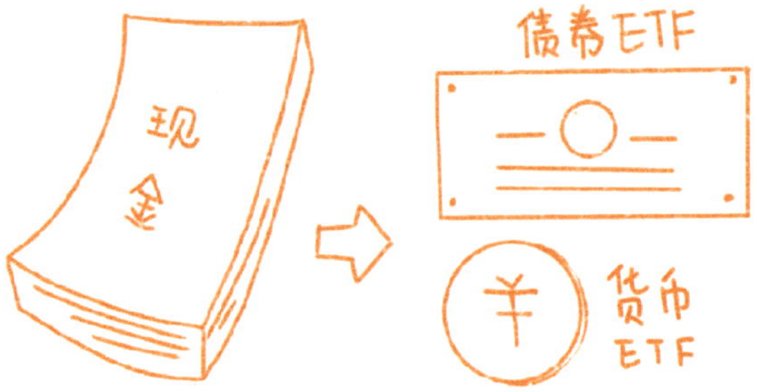

现金资产投资，增厚组合收益

投资者可以使用债券 ETF 或者货币 ETF，实现投资组合的流动性管理，从而保证投资组合的流动性和收益性。一般来说，债券型 ETF 和货币型 ETF 的流动性较好，且预期收益高于现金资产，将资产组合中的现金资产投资于债券型 ETF 或者货币型 ETF，可以在尽可能保证流动性充沛的前提下，同时增厚资产组合收益。

（2）灵活调节仓位，平滑净值曲线

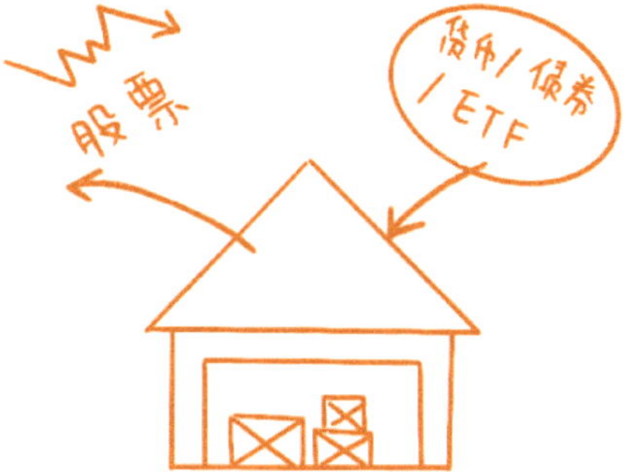

灵活调节仓位，平滑净值曲线

投资者可以通过卖出部分股票资产、买入固定收益类ETF，实现资产分散和风险控制。当权益市场波动较大时，投资者可以卖出一部分股票资产并购买债券类或货币类ETF，以保持投资组合净值的相对稳定。

（3）质押回购，高效融入资金

ETF质押回购是指由正回购方将已转为质押标的债券ETF质押给逆回购方，从而融入资金。双方需约定，在未来的某一时刻，正回购方返还本金及利息，逆回购方返还出质标的。目前，深交所债券ETF可以作为质押券参与通用质押式回购业务。ETF质押回购有助于投资者在有流动

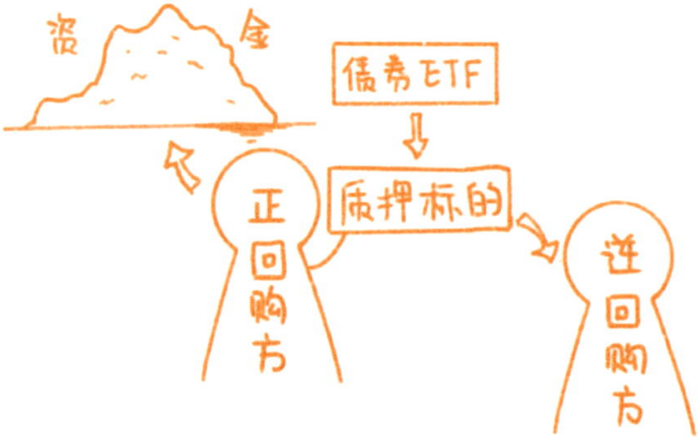

质押回购

性需求时，通过 ETF 质押回购较为高效地融入资金，不需要卖出 ETF。此外，也便于投资者实现杠杆策略，优化资金配置，获取更高收益。

（4）融券资金买入 ETF，降低融券成本

融券买入

融券业务存在一定的融券成本。融券卖出资金在还券前可以通过买入债券 ETF 或货币 ETF 进行流动资金管理，从而降低融券成本。目前，大部分券商也已将多只债券 ETF 品种纳入融券卖出资金可买的投资范围。

（5）其他流动性管理策略

由于债券 ETF 或货币 ETF 通常比单一债券或货币工具拥有更高的流动性，投资者可以在较低交易磨损的前提下灵活变现，满足资金使用需求。因此，债券 ETF 或货币 ETF 有很多流动性管理应用场景和配置空间，值得投资者进行深入研究，从而更加灵活地配置资金。

7. 常见的 ETF 投资策略有哪些？

（1）核心 - 卫星配置策略

投资者可以参照太阳系运行的原理，运用“一个中心”及“多个行星”的理念，将 ETF 组合分成“核心仓位”及“卫星仓位”。核心仓位通常以追踪市场的平均表现为目的，主要投资于能表征市场的宽基 ETF，例如沪深 300 ETF、中证 500 ETF 等。核心仓位一般不需要经常换仓，投资者可以采用“买入并持有策略”来管理核心仓位。卫星仓位则以捕捉市场各种机会、赚取超额收益为主要目的，主要投资于具有周期波动、板块轮动特征的行业主题或风格指数ETF。卫星仓位一般需要因环境变化及时作出调整，投资者可以采用主动策略，根据对市场的主观预判动态管理卫星仓位。

另外，喜爱投资单一股票的投资者，也可以考虑使用“核心－卫星配置策略”来管理自己的投资组合，个股可以代替部分卫星仓位，建立ETF与个股混合的投资组合。

（2）基于生命周期的ETF资产配置

投资生命周期主要分为青年阶段、中年阶段和（准）退休阶段，基于不同阶段的收入、支出和投资期限，ETF资产配置策略可对应为进取型、平衡型和保守型。在上述分类的基础上，不同投资者也可以结合财务情况、风险承受能力选择适合自己的资产配置组合。

① 进取型（青年阶段）

青年阶段的投资者年龄一般介于18岁到40岁，这个年龄层的投资者事业大多处于起步、发展阶段，家庭负担相对较轻，风险承受能力相对较强。在资产配置方面，投资者可以以股票 ETF 为主，如以 30% 核心股票 ETF、50% 卫星股票 ETF 以及 20% 债券 ETF 作为资产配置组合（见图 4－2）。把资金重点投放于股票 ETF，提升组合的进攻能力。

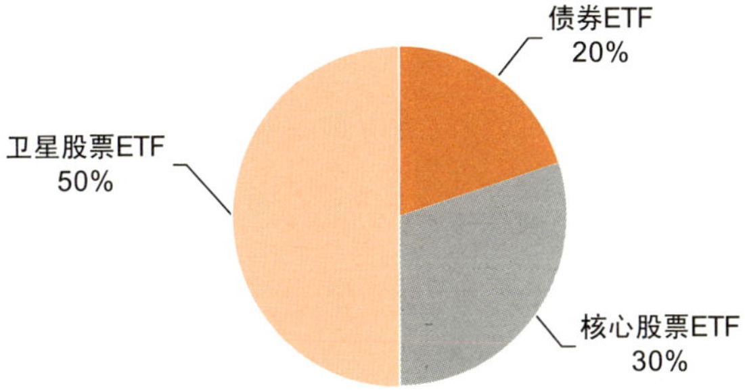

图 4－2　进取型资产配置比重示例

② 平衡型（中年阶段）

中年阶段的投资者年龄一般介于 41 岁到 60 岁。这个阶段的投资者随着年龄的增长，家庭、孩子及住房等负担不断增加，且需要为退休做准备，风险承受能力相对青年人会逐渐下降，资产配置不适合过分进取。

在资产配置方面，中年投资者可以选取以 40% 债券 ETF 、40% 核心股票 ETF 以及 20% 卫星股票 ETF 作为资产配置组合（见图 4－3），把资金重点投放于债券及核心股票

ETF，提升组合攻守兼备能力，灵活面对各种市场场景。

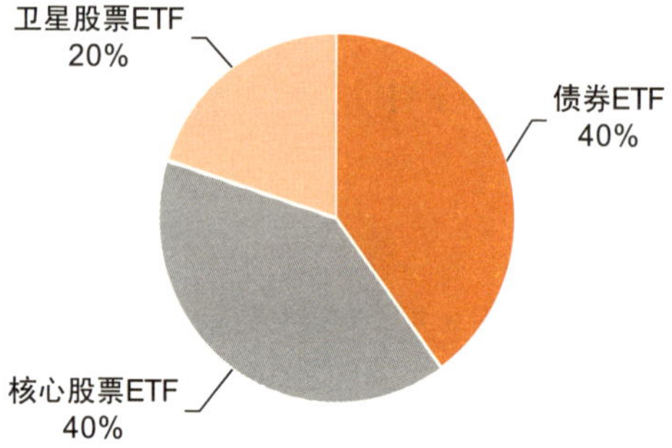

图 4-3　平衡型资产配置比重示例

③保守型（准退休或已退休阶段）

准退休或已退休阶段一般指年龄在 60 岁以上的投资者，该阶段投资者稳定的工作收入较少，资产配置应以“低波动”“高流动性”“稳定收息”为前提，提升稳定收入，保障退休后的生活。投资者可以选取以 70% 债券 ETF、25% 核心股票 ETF 以及 5% 卫星股票 ETF 作为资产配置，把资金重点投放于债券 ETF（见图 4-4），可为准退休或已退休的投资者提供低波动的稳定收入。

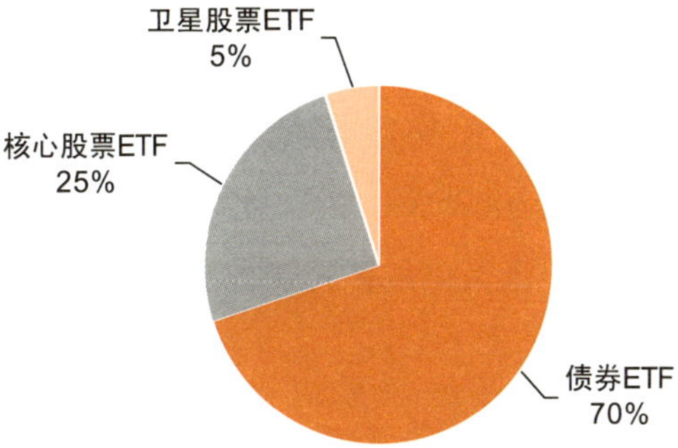

图 4－4　保守型资产配置

（3）ETF 资产配置的再平衡

随着 ETF 净值涨跌，资产配置中的资产比例会随之变化。所谓再平衡策略，是指投资者定期检视投资组合，比较各类 ETF 的最新权重与目标权重之间的差异，将已经上涨的资产减仓部分调整到目标权重，并投到权重下降的资产。一般来说，投资者通过以下两种方式进行再平衡。

①以时间为指标

定期对 ETF 资产配置权重进行检视，长期投资组合一般每半年或每年进行一次再平衡策略比较合适，ETF 价格的波动需要一定的时间才能充分反应，过度执行再平衡策略，会增加整体交易成本。

②以收益预期为指标

组合内某类资产价格变化幅度达到投资者预计水平，如 ETF 资产价格上升 25%，或占比超出目标权重 5% 等情形，就会触发再平衡策略的执行。

8. 如何运用 ETF 构建中低风险组合？

近年来，“固收 + 部分权益投资”公募基金等中低风险策略的基金产品获得了投资者的青睐。基于中低风险偏好，投资目标、投资期限等因素，投资者可以运用 ETF 构建中低风险投资组合，主要通过定性分析或量化模型等方法，将 ETF 分配到不同的大类资产中，分散投资风险，实现风险收益平衡。

在股票、债券、商品等资产配比选择上，市场上有诸多资产配置模型可供选择，包括恒定比例配置策略、均值 - 方差模型、风险平价/风险预算模型、因子模型等。针对中低风险的资产组合，这里我们介绍三个较为常用的策略。

（1）恒定比例配置策略

恒定比例配置策略是最朴素、最基础的多资产配置策略，适合投资者根据目标收益和风险承受水平设定各资产配置的目标权重，通过再平衡策略不断使各类 ETF 资产权重的比例维持在恒定水平。

恒定比例配置策略

恒定比例配置策略以严格的仓位限制了不同资产之间的配置比例，减少了人为干预，在资产收益相关性较低时能实现风险分散，资产权重稳定，交易成本低，其中的再平衡也能贡献一定收益。恒定比例配置是市场上接受度较广的一种被动资产配置方式，比如经典的“股债 60/40”“股债 30/70”“股债 20/80”。考虑到投资者的中低风险偏好，以“股债 20/80”为例，投资者可以将 80% 的资产配置到债券类 ETF，将 20% 的资产配置到权益类 ETF，其中，权益类 ETF 配置可以按照前文讲述的“核心－卫星配置”

进行操作，选择宽基 ETF 与行业主题 ETF 构建组合，从而构建中低风险组合。

恒定比例配置策略的主要缺点是投资组合的灵活性不足，不能根据市场情况对组合进行调整，在市场趋势性下跌行情中，容易出现通过不断再平衡增加权益仓位而提升组合的风险暴露。

（2）风险平价/风险预算模型

风险平价模型是对投资组合中不同资产分配相同的风险权重的一种资产配置理念。

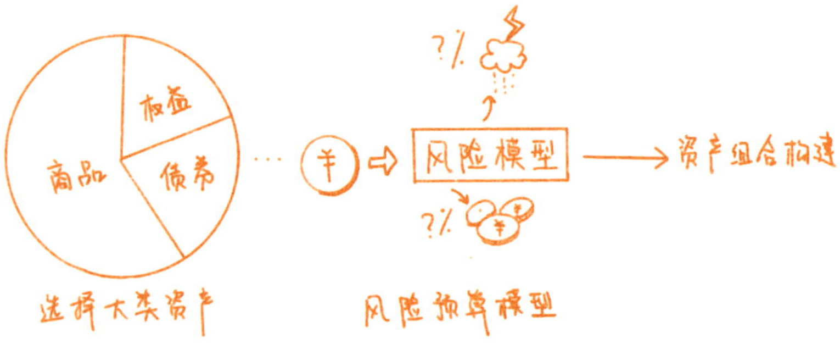

风险平价/风险预算模型

风险预算模型放松了对风险均衡配置的严格要求，投资者可以根据自身风险偏好去设定各资产风险权重。不难看出，风险平价模型其实是属于风险预算模型的一个特例。

根据常见的权益（A 股、港股、美股）、债券、商品（贵金属、能源化工等）的收益率可构建图 4 - 2 的相关性矩阵。可以看到，大类资产之间的相关性较低，适合选择相应的 ETF 资产构建组合。例如，债券和权益类、商品类 ETF 的长期相关性在 0 至 - 30% 之间，主要因为影响债券收益的利率是逆周期调节的指标，而权益、商品类 ETF 反映的是实体经济的热度或预期，经济周期的存在使“股债跷跷板”模式长期存在。当然，短期也会有“股债双杀”的局面，这时市场的不确定性增加，风险偏好提升，而商品特别是贵金属（黄金）防风险的价值就会凸显，从而成为资金流入避险的渠道，对冲效应明显，可增加资产配置的组合收益。该模型简单的构建方式是，权益部分选取沪深 300 ETF、中证 500 ETF、创业板 ETF、国证 2000 ETF 等宽基指数，利用风险平价进行权重再分配，而债券部分，可以选取国债 ETF、政策性金融债 ETF、地方政府债 ETF 等产品，商品部分选取黄金 ETF、商品期货 ETF 进行配置。进阶的构建方式，权益部分可以采取核心 - 卫星方式进行构建，或者采用行业轮动策略进行构建。

表 4－2　　股债商及细分资产月度收益率相关性矩阵

	债券类	权益类						商品类				
	中债综合总财富指数	沪深300指数	中证500指数	中证1000指数	中证红利指数	恒生指数	纳斯达克	上海金	南华农产品	南华能化	南华工业品	南华金属
中债综合总财富指数	100%	-18%	-14%	-11%	-17%	-20%	-16%	-3%	-15%	-24%	-25%	-19%
沪深300指数	-18%	100%	85%	77%	94%	55%	35%	14%	21%	32%	36%	33%
中证500指数	-14%	85%	100%	97%	87%	39%	30%	18%	15%	27%	30%	28%
中证1000指数	-11%	77%	97%	100%	80%	32%	27%	16%	12%	23%	24%	21%
中证红利指数	-17%	94%	87%	80%	100%	50%	32%	14%	21%	33%	37%	34%
恒生指数	-20%	55%	39%	32%	50%	100%	57%	16%	23%	31%	39%	37%
纳斯达克	-16%	35%	30%	27%	32%	57%	100%	-2%	17%	23%	29%	27%
上海金	-3%	14%	18%	16%	14%	16%	-2%	100%	20%	19%	28%	32%
南华农产品	-15%	21%	15%	12%	21%	23%	17%	20%	100%	49%	49%	40%
南华能化	-24%	32%	27%	23%	33%	31%	23%	19%	49%	100%	88%	65%
南华工业品	-25%	36%	30%	24%	37%	39%	29%	28%	49%	88%	100%	91%
南华金属	-19%	33%	28%	21%	34%	37%	27%	32%	40%	65%	91%	100%

资料来源：Wind，2005—2022 年。

（3）CPPI 模型

CPPI 模型，即固定比例投资组合保险策略，简单来说，就是根据市场波动来调整高风险资产在投资组合中的比重，使投资组合在一段时间后的收益率不低于目标值，并在此基础上获取部分超额收益。CPPI 模型运作流程一般包括确定收益目标、配置低风险资产、配置风险资产。投资者在确定收益目标后，可以先配置低风险资产来实现资产的稳健增值，从而积累相应的安全垫，如投资债券 ETF。在获取一定安全垫后，投资者可以将安全垫一定倍数的资金投资于风险资产，如风险收益特征为高风险高收益的行业主题 ETF，在保证本金相对稳健的基础上获取超额收益。在市场下跌时，CPPI 模型能快速降低风险资产的仓位，以保证本金的相对稳健；在市场上涨时，则调高风险资产仓位，捕捉市场机会。

9. 如何运用 ETF 实现行业轮动策略？

（1）什么是行业轮动策略

行业轮动是利用市场结构性行情获利的一种投资交易

策略，其本质是利用不同投资品种强势时间的错位，对行业品种进行切换，以达到投资收益最大化或者规避系统性风险的目的。通俗地讲就是根据不同行业的阶段性表现差异进行轮动配置，力求能够在每个阶段抓住表现较好的行业，规避表现不佳的行业。

当股票市场出现行业轮动的结构性行情时，同一时间段内不同行业之间的收益率差异可能非常大，行业轮动策略在这样的市场环境下会更加有效。

（2）运用 ETF 做行业轮动策略的优势

①操作简单。通过购买一个 ETF，投资者可以轻松地获得代表该行业走势的一篮子股票，而无须单独购买该行业的多只股票，挑选个股不仅耗时耗力且效果可能并不理想。当我们判断某些行业整体存在上涨机会时，可以直接买入对应行业的 ETF，这样紧密跟踪行业指数，操作简单高效，又能精准抓住行业轮动的机会。

②持仓透明。ETF 持仓透明，每日公布持仓，底层布局的行业清晰，投资者可以清晰地知道自己投资的是什么。相较于通过配置主动权益基金实现行业轮动策略，主动权益基金可能存在风格漂移的风险，其持仓数据也只在季度或年度等定期报告中披露，存在滞后性。

③成本低廉。ETF 可以在交易日内的任何时间进行交易，而传统的主动权益基金只能在收盘时按当日的净值进行申赎。另外，ETF 整体费率都较低，降低成本可以增厚投资者的收益率。

（3）如何运用 ETF 构建行业轮动策略

运用 ETF 进行行业轮动配置的方法是运用一系列行业筛选指标对 ETF 进行打分，然后选出在当前阶段分数较高的 ETF 进行配置，直接构造 ETF 行业轮动策略，并定期调整。具体来说，首先计算 ETF 跟踪指数成份股在基本面、技术面和资金流等多维度的表现得分，其次对个股加权得到 ETF 的整体得分，最后根据得分情况选择对应的 ETF。

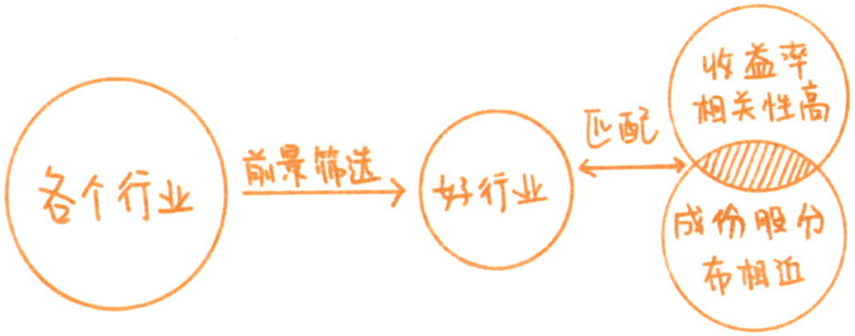

行业轮动法

10. 如何通过 ETF 构建风格配置策略？

风格配置策略是中观投资中的一种常用策略，对于愈加分化的结构化行情，风格择时配置策略的重要性会更加凸显。风格轮动是依据 ETF 特征进行交易的行为，常见的风格轮动有大小盘轮动、成长价值轮动等。相较于单一指数的择时，风格轮动的分析框架需要对比指数间的相对强弱。指数间相对强弱的波动高于单一指数的波动，因此预测难度更大。风格轮动的逻辑也依赖于权益资产价格的两个驱动因素——盈利和估值。盈利是主导风格强弱的关键因素，绝对差值和边际变化同样是判断风格强弱的重要指标。

（1）价值成长轮动策略

价值和成长两类股票具有明显基本面的差异，价值类股票往往具备更好的安全边际，而成长类股票则可能具备更好的盈利前景。以创业板指数与上证 50 指数为例，两只指数的表现在一定程度上可以用于表征成长与价值的轮动。成长与价值的盈利增速差和两者收益率差呈现高度正相关性，当成长与价值的盈利增速差值扩大时，成长表现将会超过价值。因此，观察风格间的相对业绩增速趋势，有助于进行风格配置。除此之外，市场中也有投资者通过估值指数来衡量价值与成长之间的风格轮动，例如申万低市盈率指数和申万高市盈率指数。

（2）大小盘轮动策略

在多数年份中，A 股存在明显的风格轮动行情，大盘股与小盘股轮番占优。因此，在市场主线风格不断切换的背景下，固定的投资风格难以获得持续的收益，而在大小盘股之间进行切换有利于争取更大的获利空间。大小盘轮动通常根据市场环境和经济周期的变化来进行，并根据月频公告的宏观经济数据来进行辅助判断。大盘股占国民经济中的比重更高，因此大盘股相比于小盘股更容易受到经济周期的影响。在经济增长上行阶段，大盘股盈利上升速度大概率高于小盘股，大盘风格表现就更为强势。在经济下行阶段，大盘股受到的影响更大，表现可能相对弱势。另外，流动性环境对股票估值有重要影响：在流动性充裕的市场中，资金会外溢到小盘股中，因此小盘股对流动性的敏感度高于大盘股。当流动性收紧时，大盘股往往表现更佳；当流动性扩张时，小盘股往往表现更佳。

11. 如何运用 ETF 进行网格交易？

（1）什么是网格交易

网格交易本质上运用的是低吸高抛的原理，是一种在预定的价格区间内，通过设置多个买入和卖出点来进行交易的策略。首先选好标的，买入一定的底仓，然后设定一个价格波动区间（最低价—最高价），并且把价格波动区间分为 N 等份（网格），价格每跌一个网格就买入一定数量份额或金额，价格每上涨一个网格就卖出一定数量份额或金额，越跌越买，越涨越卖，反复低吸高抛，赚取波段差价。

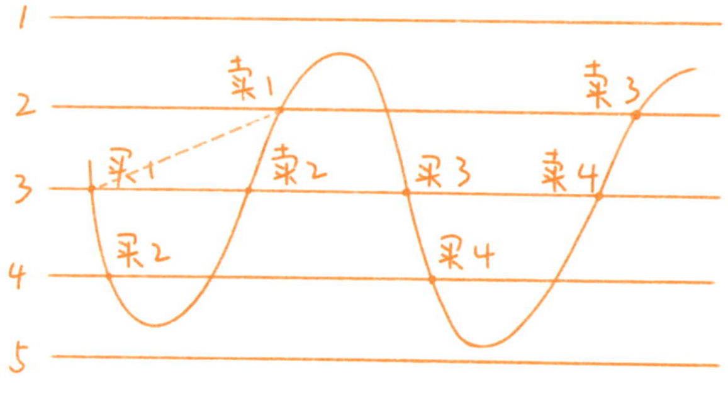

运用 ETF 进行网格交易

一般来说，网格交易策略在震荡行情中比较有效，震荡越多，获利越多。过往数据表明，A 股大部分时间都处于震荡结构性行情，运用 ETF 进行网格交易具有很强的普适性。值得注意的是，网格交易并不适合趋势行情，如果市场发生单边大幅度的上涨或下跌，可能导致策略失效。

（2）网格交易策略的优点

①可以自动交易

网格交易可以通过券商软件配置好参数，实现自动交易，由于市场行情是较难预判的，网格交易通过对随机的行情走势用固定网格合理划分，通过自动买入、卖出操作，既可以避免投资者被情绪或其他信息所干扰，又不会错过交易机会。

②适合普通投资者

网格交易策略不需要深入研究标的资产的基本面、财务状况、盈利情况、现金流等指标，只要设定好合适的买入、卖出价格即可操作，这对于缺乏专业知识体系的普通投资者来说非常友好。

③回撤相对较小

网格交易特别适合震荡波动的行情，在交易过程中，一般会设置在低位加仓，在高位减仓，这样能大幅度降低投资回撤，有效提高获得正收益的概率。

（3）如何设计一个完整的 ETF 网格交易策略

第一步：选择适合的 ETF。

首先需选择高波动、流动性较好的 ETF。高波动性为波段交易提供机会，波动越大，网格交易潜在收益越高，流动性高可以确保在需要买入或卖出时能够迅速完成交易。

第二步：设定网格大小。

在确定合适的 ETF，并建立底仓后，然后需设置网格间距密度，确定每个网格的大小，网格大小要能匹配目标 ETF 的振幅大小，不宜太大，也不宜太小。一般来说，如果网格设置得过小，比如 1%，可能会出现单日内多次触达价格线的情况，虽然可以捕捉更小的价格波动，但也增加了交易频率和交易成本。如果网格设置得太大，比如 10%，价格很可能一直在格子里波动，无法触发交易，网格交易策略就会失效。

第三步：确定每格的资金量。

确定网格大小后，接着需要确定每格的资金量。每格资金量的确认主要根据投入资金、网格价格上下限及网格大小来推算。最简单的方式为“十等份法”/“五等份法”，即每个网格金额为用于网格交易的1/10或者1/5。

此外，建议不要将所有资金都投到一个ETF上，确保资金分散，以降低风险。

第四步：执行交易

当ETF的价格达到投资者的买入点时，按照预设的金额或份额买入，当价格达到卖出点时，也要按照预设的金额或份额卖出。举例：以沪深300 ETF为例，假设价格波动区间为4元到5元，我们可以设定在4.8元、4.6元、4.4元、4.2元、4.0元的位置每次买入100手，在5.0元、4.8元、4.6元、4.4元、4.2元的位置卖出100手，以赚取波段差价。

总之，运用ETF进行网格交易，能让普通投资者在震荡行情中低买高卖，赚取差价。现在很多券商交易软件已上架了网格交易功能，投资者可以在上面定制或选择合适的ETF网格交易策略来实现自动化交易。

12. 如何进行 ETF 套利？

ETF 具有丰富的套利策略，投资者可根据自身投资研究能力及风险偏好程度选择相应的策略。目前市场上较为流行的套利策略有三种，即折溢价套利、日内波段套利、事件套利。

（1）折溢价套利策略

投资者针对 ETF 一级市场申购、赎回与二级市场买卖之间价差进行套利。当 ETF 二级市场价格（实时交易价格）与一级市场价格（实时计算的基金份额参考净值 IOPV）存在价差时，且该价差在覆盖各项套利成本后仍有盈余，投资者可以利用 ETF 的一、二级市场联动机制进行套利。套利成本主要分为交易成本和冲击成本，其中的交易成本包括交易 ETF 的佣金和交易股票的佣金、印花税和过户费。

折溢价套利分为折价套利（买赎套利）和溢价套利（申卖套利）。当 ETF 二级市场价格低于实时参考净值时，这种情况称为“折价”。当 ETF 二级市场价格高于实时参考净值，这种情况称为“溢价”。

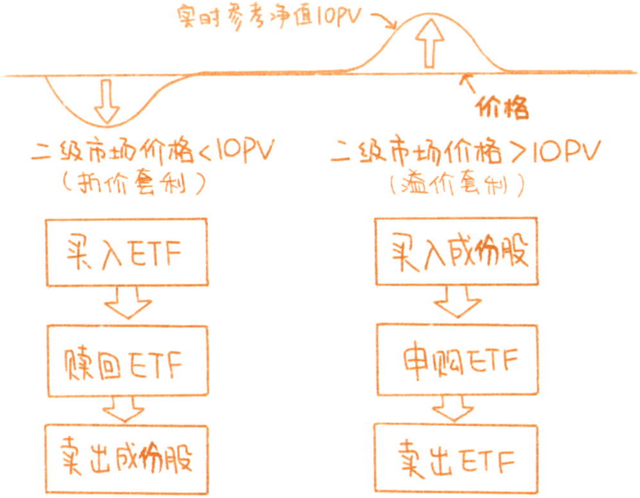

折溢价套利示意图

$$\text{折价率}=\frac{\text{实时参考净值}-\text{市场价格}}{\text{实时参考净值}}$$

当折价率大于套利成本时，投资者可以进行折价套利，即买入 **ETF** 份额并赎回得到一篮子股票，而后卖出股票。

$$\text{溢价率}=\frac{\text{市场价格}-\text{实时参考净值}}{\text{实时参考净值}}$$

当溢价率大于套利成本时，可以进行溢价套利，即买入一篮子股票并申购 **ETF** 份额，而后卖出 **ETF** 份额。

投资者在实际操作折溢价套利时，面临一篮子股票的买卖、ETF 的申赎和买卖等大量操作，而盘口折溢价变化较快，套利机会转瞬即逝，要求投资者在极短的时间内完成一系列交易。一方面，任何一个环节的延迟都会增加头寸风险暴露时间；另一方面，大量交易操作和紧迫的时间窗口也会带来不容忽视的冲击成本。同时，申购 ETF 所需资金量较大，且存在赎回股票无法及时卖出等风险。因此，套利参与者一般为专业能力较强、资金体量较大的投资者。对于跨境 ETF 产品，因为采用全现金替代的申赎机制进行折溢价套利时资金占用较高，且对冲复杂，再叠加时区和汇率的影响，技术壁垒较高，所以参与机构相对较少。

折溢价套利的具体操作步骤如下：

①比较 ETF 二级市场价格和实时参考净值，寻找明显的折价或溢价机会。

②计算预期套利收益。注意扣除交易成本，如印花税、佣金等。

③进行套利：折价时买入 ETF 并赎回；溢价时买入成份股并申购 ETF。

④按计划完成交易，注意控制风险。

折溢价套利对程序化交易体系要求较高，需要能够快速捕捉价格差异，精准计算套利空间，并进行大额申赎操作。此外，不同 ETF 之间套利效果也有差异，投资者需选择溢价折价效应更明显、跟踪误差更小的 ETF 作为套利标的。

（2）日内波段套利策略

日内波段套利为延时交易，又可称为日内趋势交易。日内波段套利策略的成功与否，取决于投资者对日内行情的研判，相比折溢价套利风险更大。日内波段的趋势交易包括日内看涨行情、日内看跌行情。

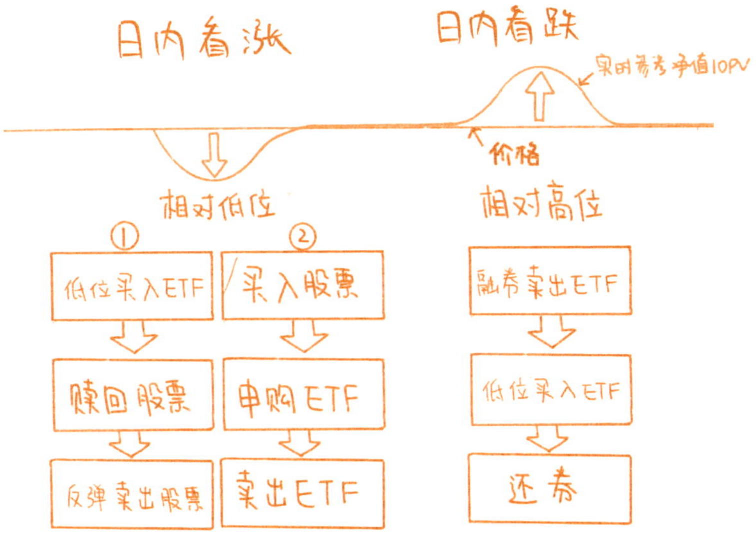

日内波段套利策略

日内看涨行情：投资者有两种操作方法，一是在相对低位买入足够的 ETF 份额，赎回获得一篮子股票组合，待市场反弹后将赎回得到的股票卖出；二是在相对低位买入一篮子股票，申购 ETF 产品，获得基金份额，等到市场反弹后场内卖出 ETF 基金份额。

日内看跌的行情：投资者可以在相对高位融券，在二级市场卖出 ETF 份额，待市场下跌后，在二级市场买入 ETF 份额，其后进行还券。由于当日不可还券，投资者可能需要支付隔夜利息。

投资者进行日内波段趋势交易，需要关注成份股以及 ETF 二级市场的流动性、买入时点的折溢价情况。若标的指数在日内频繁地上下波动，日内波段趋势交易投资策略可以反复进行多次。

日内波段套利的具体操作步骤：

①根据对日内趋势的判断选择做多或做空方向。

②选择流动性好、跟踪误差小的 ETF 作为交易工具。

③抓住波段，在相对低点买入做多，高点卖出做空。

④利用 ETF 的申赎机制进行套利操作。

⑤在合适点位平仓套现，及时止盈止损。

日内波段套利对快速决策和实时风控能力要求很高，投资者需要对个股和板块的信息突发事件敏感，才能及时调整操作方向。

（3）事件套利策略

事件驱动套利策略，是指利用公司或市场重大事件带来的价格波动进行套利。典型事件包括并购重组、股权分置改革、成份股调入调出等。

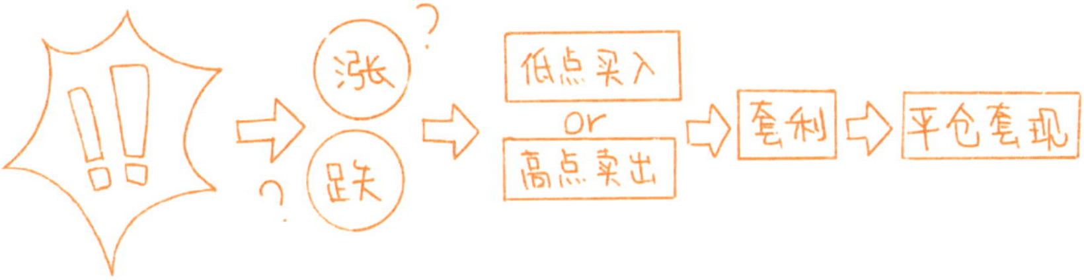

事件套利策略

具体操作步骤：

①寻找即将发生的重大事件，判断事件对相关股票及ETF价格的影响。

②在事件前买入可能受益的股票或ETF，卖出可能承压的股票或ETF。

③事件发生后，标的价格如预期改变，则卖出买入

资产。

④事件结束后，平仓套利头寸。

事件套利对重大事件的敏感度和预测能力要求高，需要对事件时间点和市场反应判断准确。另外，部分事件可能扰动市场秩序，带来不确定性影响，投资者需控制风险。

13. 个人投资者如何选择合适的套利策略?

对于个人投资者来说，在各种 ETF 套利策略中选择适合自己的策略非常重要。选择策略时需要考虑以下几个方面：

第一，要考虑个人的资金实力。折溢价套利和期现套利需要大额资金进行 ETF 申购赎回或现货期货交易。对资金实力一般的个人投资者来说，日内波段套利和事件驱动套利更适合，资金要求相对较低。

第二，要考虑个人的风险偏好。日内波段套利和事件驱动套利风险较大，需要承受一定的资金波动。而折溢价套利和期现套利相对风险可控。稳健型投资者可以选择后两种策略。

第三，要考虑个人的专业知识。折溢价套利需要预测价格走势和计算套利空间。期现套利需要分析基差变化。这两种策略对专业知识要求较高。非专业的个人投资者可优先选择日内波段套利和事件驱动套利。

第四，要考虑个人的时间精力。日内波段套利需要实时观察市场，快速出手。事件驱动套利则需要持续关注信息获取。对时间精力有限的个人投资者，可以选择折溢价套利，每日仅需观察二级市场价格和一级市场实时参考净值即可。

第五，要关注套利空间大小。不同 ETF 之间套利效果存在差异。选择溢价折价效应明显、跟踪误差小的 ETF 作为套利标的，可以获取更多收益。

第六，可能要使用量化交易工具。利用程序化交易软件可以大幅降低套利交易的难度，提高效率。

综合考虑以上因素，个人投资者可以确定最适合自己的 ETF 投资策略。

14. 有没有办法实现 ETF 的收益增强？

在 ETF 投资领域，投资者可以采用多种策略来提高收益，包括投资指数增强型、主动管理策略等。

（1）投资指数增强型 ETF

指数增强型 ETF 是一种在追踪基准指数的同时，尝试获取超额收益的投资产品。它们通常会采用定量模型，如基于动量、价值、质量等因子的策略，来选取具有超额收益潜力的证券。与传统的被动型 ETF 相比，指数增强型 ETF 的投资组合通常更具灵活性，而且在一定程度上可以提高收益。

目前国内已经上市了多个增强 ETF，覆盖了我国的主要宽基指数，包括沪深 300 指数、中证 500 指数、中证 1000 指数、创业板指数等。投资者在选择这类产品时，可以关注基金公司的指数增强实力和产品增强效果，综合判断基金管理人是否具备稳定的超额收益能力。

（2）主动管理策略

主动管理策略通常需要投资者根据市场环境和经济周

期的变化，战术性调整投资组合，比如调整所持有的 ETF 资产的比例。例如，在牛市期间，投资者可以增加股票类 ETF 的权重；而在熊市期间，投资者可以增加债券类或黄金类 ETF 的权重，以减小风险。

15. 参与 ETF 投资时可能面临哪些风险？

基于 ETF 投资运作特点，投资者在参与 ETF 投资时面临的风险主要包括以下几点。

（1）标的指数回报与股票市场平均回报偏离的风险

标的指数并不能完全代表整个股票市场，标的指数成份股的平均回报率与整个股票市场的平均回报率可能存在偏离。

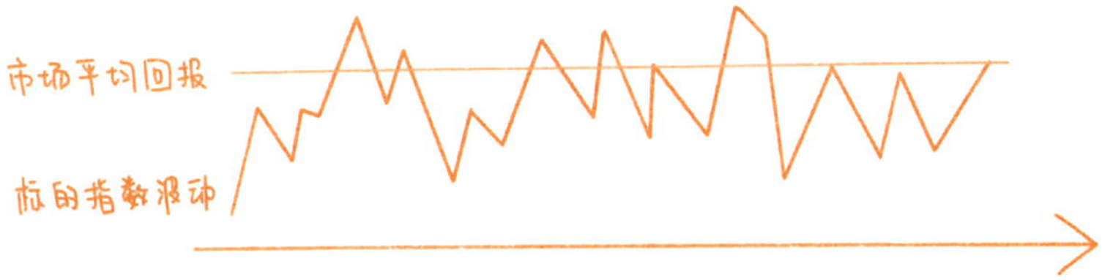

标的指数回报与股票市场平均回报偏离的风险

（2）标的指数波动的风险

标的指数成份股的价格可能受到经济发展、上市公司经营状况等各种因素的影响而波动，进而导致指数波动，最终使基金价格/净值水平发生变化，产生风险。

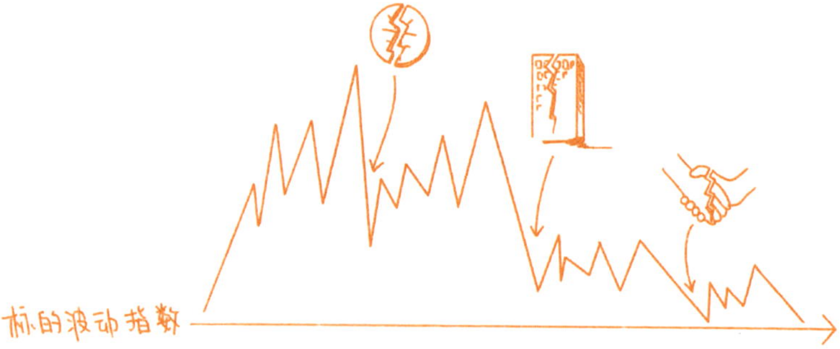

标的指数波动的风险

（3）跟踪误差控制未达约定目标的风险

多种因素会影响 ETF 跟踪误差，使基金市场表现与业绩基准产生偏离。例如，指数的抽样复制，成份股公司配股、增发、分红等行为以及成份股停牌和摘牌，成份股涨跌停，以及基金分红等因素均会导致 ETF 与指数的涨跌幅无法完全契合，从而产生跟踪误差。

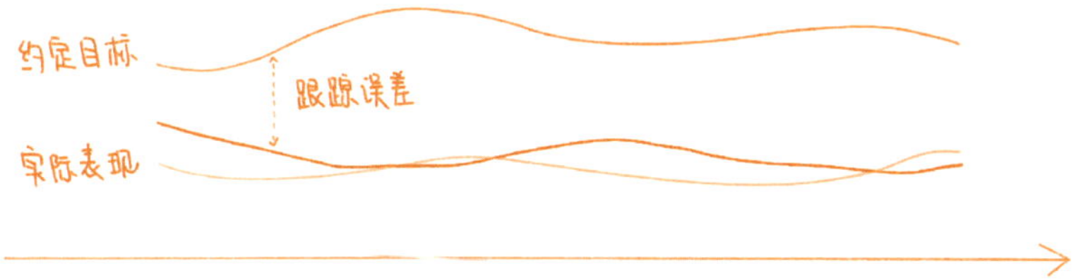

跟踪误差控制未达约定目标的风险

（4）二级市场流动性风险

对 ETF 投资者而言，ETF 可以在二级市场进行买卖，因此也可能面临因市场交易量不足而造成的流动性问题，导致基金在二级市场产生流动性风险。

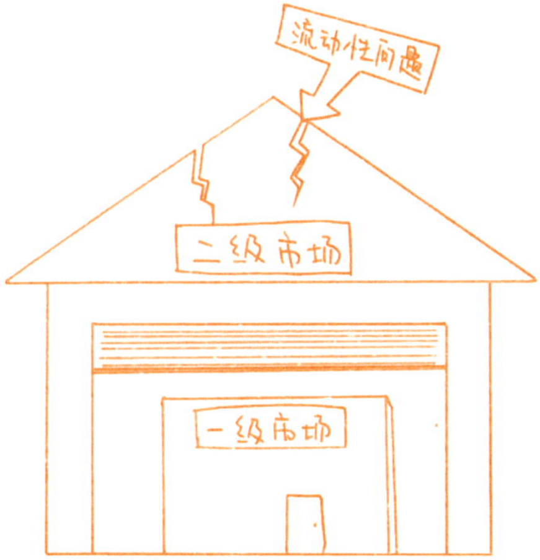

二级市场流动性风险

（5）二级市场交易价格与基金单位净值出现较大偏离的风险

ETF 基金份额在证券交易所的交易价格受供求关系等诸多因素影响，存在不同于基金份额净值的情形，除了有份额净值变化的风险外，还会受到市场的系统性风险、流动性风险等其他风险影响。例如投资者在明显高于基金份额净值的溢价水平下买入，有可能面临较大损失。

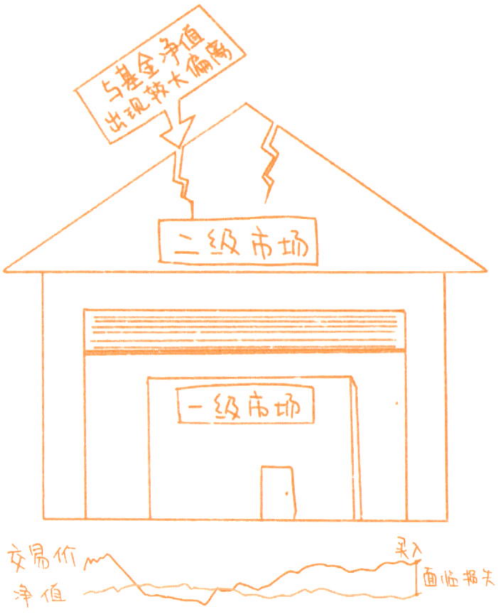

二级市场交易价格与基金单位净值

出现较大偏离的风险

（6）套利风险

受证券市场的交易机制和技术约束，投资者完成套利需要一定的时间，因此存在一定的套利风险。而由于买卖一篮子股票和ETF存在冲击成本和交易成本，当折溢价处于一定范围内时也不能形成有效套利。此外，当一篮子股票中存在涨跌停或临时停牌的情况时，投资者也会由于买不到成份股而影响溢价套利，或卖不掉成份股而影响折价套利。

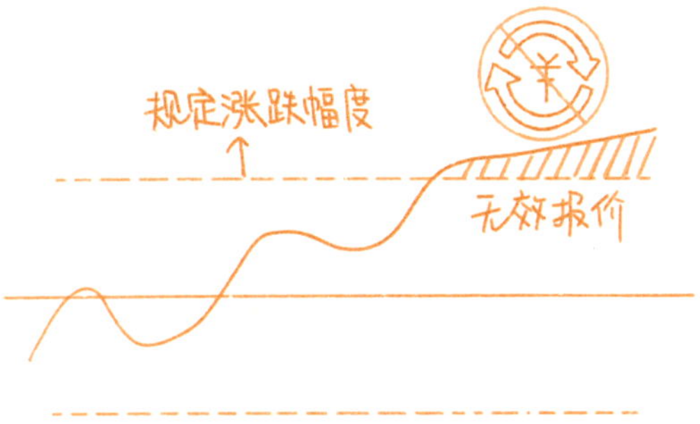

套利风险

（7）操作或技术风险

在ETF的申购赎回与交易行为以及后台运作中，可能由于技术系统故障等原因影响交易的正常进行，或者导致投资者利益受到影响，包括申购赎回清单差错风险、参考净值（IOPV）计算错误风险等。

操作或技术风险

（8）退市风险

当 ETF 不再符合证券交易所上市条件被终止上市，或经由基金份额持有人大会决议提前终止上市等情形，将出现基金份额不能继续进行二级市场交易的风险。

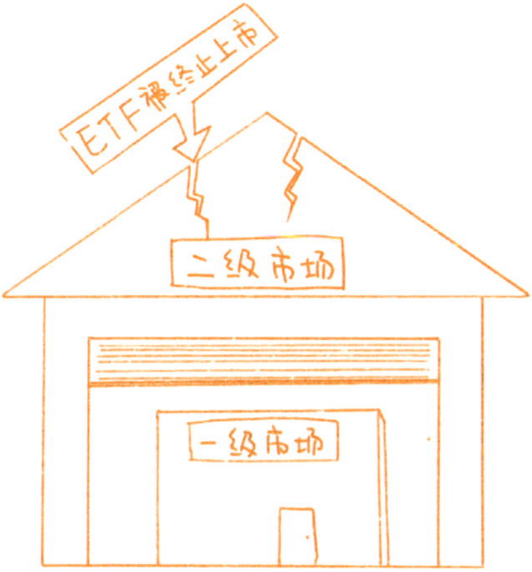

退市风险

综上所述，投资者参与 ETF 投资需要注意以下事项：一是明确投资需求，包括投资目标、计划与投资的市场或行业主题标的。ETF 主要采用完全复制法跟踪标的指数表现，投资者可通过查阅基金招募说明书中标的指数编制方案或指数公司网站查询指数信息等方式，了解跟踪指数的具体信息。二是充分了解 ETF 投资风险。投资者可通过查阅基金招募说明书“风险揭示”章节相关内容了解基金主要风险。三是关注 ETF 的流动性和跟踪效果，尽可能选择规模较大、流动性较好、跟踪误差较小的 ETF。

第五章

固定收益、商品和跨境ETF

上面介绍的内容主要围绕股票 ETF 展开，即投资标的是在交易所上市交易的股票，投资目标是紧密跟踪相应的股票指数。股票 ETF 是 ETF 市场的主流产品，此外，固定收益 ETF、商品 ETF、跨境 ETF 和衍生品 ETF 等其他类型的产品为投资者提供了多样化的投资工具。

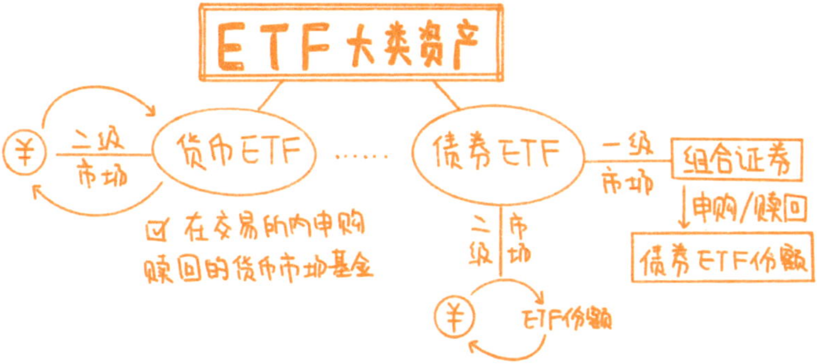

ETF 大类资产图谱

1. 固定收益 ETF 是什么，有哪些特点？

固定收益 ETF 包含债券 ETF 和货币 ETF 两大类。货币 ETF 是一种既可在交易所二级市场买卖，又可以在交易所场内申购、赎回的货币市场基金，是一种场内保证金理财工具，可以无缝连接货币基金与二级股票和 ETF 市场。债券 ETF 是指以债券类指数为跟踪标的的 ETF，投资者既可以在一级市场以组合证券来申购、赎回债券 ETF 份额，也可以在二级市场买卖债券 ETF 份额，债券 ETF 可细分为国债、地方政府债、政策性金融债、信用债等品种，为场内投资者提供了丰富的固定收益投资工具。

固定收益 ETF 具有如下特点：

（1）交易效率高

固定收益 ETF 实行当日回转交易制度（“T + 0”交易），即当日买入的 ETF 份额当日可以卖出，支持日内多次买卖操作，较场外基金和股票 ETF 交易效率更高。

（2）费率低廉

国内债券 ETF 平均综合费率仅为 0.20%，货币 ETF 平均综合费率仅为 0.32%，且场内不收取交易佣金。对比国内债券型基金平均综合费率在 0.50% 左右，固定收益 ETF 的费率优势明显。固定收益 ETF 的低费率有助于降低持有人成本并增厚投资收益。

（3）工具属性突出

固定收益 ETF 可以在以下方面提升工具属性。

①作为交易所质押回购质押品

固定收益 ETF 的配套功能

目前国内交易所国债 ETF 和政金债 ETF 已被中国结算纳入交易所质押库，投资者可将 ETF 基金份额在交易所场内以一定的标准券折扣系数参与交易所质押回购融资，有以下便利性：资金使用比率高，与银行间质押利率 95 折的比例相仿；当日买入，即可申报作为质押券，质押后交易所头寸当日可用，可用于购买权益类资产；当日申报解除质押的 ETF 份额，当日可以申报卖出，卖出头寸交易所当日可用。

②已纳入融券卖出价款的投资范围

ETF 融资交易是指投资者向证券公司提供担保物，借入资金买入 ETF，从而实现杠杆交易。杠杆的大小与保证金比例、担保物折算率等因素有关。ETF 融券交易是指投资者向证券公司提供担保物，借入 ETF 并卖出的行为。投资者在场内融券卖出所得资金可以投资于债券 ETF（跟踪指数成份证券含可转换公司债券的除外），根据交易所修订后的融资融券交易试点实施细则规定，未了结相关融券交易前，投资者融券卖出所得价款可以买入债券 ETF 和货币基金。

2. 商品 ETF 是什么，有哪些特点？

商品 ETF 是以商品类指数作为跟踪标的的 ETF 基金产品，通过复制指数的方式，以市场上某一商品指数为业绩基准构建一篮子商品组合。

国内商品 ETF 可以根据运作方式不同细分为有实物支撑的 ETF 和非实物支撑 ETF。前者通过持有实物资产或仓单的方式运作，如黄金 ETF；后者则主要包括商品期货 ETF，其以持有商品期货合约为主要策略，以跟踪商品期货价格指数为投资目标。无论哪种运作方式，商品 ETF 相较于其他资产类别 ETF 都有独特之处，具体包括但不限于：

（1）商品 ETF 是资产配置的良好工具

首先，商品 ETF 与其他大类资产相关性低，可分散风险。商品 ETF 与股票 ETF、债券 ETF 等不同，投资标的为各类大宗商品，如黄金、能源、豆粕等。中长期来看，商品价格走势与股票、债券的相关性较低，当一个股票、债券投资组合中包含大宗商品时，商品指数收益的高波动性会成为投资组合分散化的重要来源。低相关性和高波动性可使少量的商品头寸对投资组合的分散化起到很大的作用。

其次，商品 ETF 与其他大类资产投资互补性强，从投资者整体资产配置和组合管理角度来看，通过在股债投资组合中加入商品资产能够起到扩展传统资产组合的有效前沿，提高夏普比率的作用，从而有效优化组合的收益风险比。

最后，商品 ETF 的发展为资产配置提供了多样化选择。股票、债券、商品、货币等作为不同的大类资产，在进行资产配置时通常要进行分散化考虑，但由于我国商品基金起步较晚，在过去很长一段时间，除黄金 ETF 和部分 QDII 外，少有商品资产配置。而深交所推出的商品期货 ETF 则弥补了这一缺陷，如国内 FOF 管理者可以通过商品期货 ETF 获取商品资产的风险暴露等。随着商品 ETF 的发展，越来越多的商品种类将被纳入 ETF 跟踪范畴，对于丰富市场可投资品种多样性具有重要意义。

（2）商品 ETF 是较好的抗通胀投资工具

商品属于实物资产，大多数商品的价格会随通胀而走高，因此投资者可以通过持有商品组合在一定程度上抵御通胀带来的资产损失。历史数据显示，大宗商品价格与通胀指标 CPI 指数相关性较强，也就是说，当物价水平总体上行时，特定种类的商品价格也会上涨，在通货膨胀上行阶段，投资者可以通过在资产组合中加入一定比例的商品资产，来应对通胀导致的实际利率回落、货币贬值等问题。商品 ETF 已成为较好的抗通胀投资工具。

（3）商品 ETF 有效降低商品投资门槛

大宗商品投资门槛较高，特别是对商品期货投资而言，该投资涉及开户、合约展期及保证金管理等复杂且专业要求较高的操作，无论是交易规则还是专业性，要求均较高，普通投资者实际操作难度大。

商品 ETF 通过将商品投资模式设计成证券投资基金参与，通过投资商品 ETF 的形式，投资者无须关注保证金交易等烦琐复杂的期货交易流程，仅需按照常规场内基金的投资方式就能间接参与大宗商品交易，大大提高了个人投资者参与商品配置与交易的便利性。

此外，ETF 参与门槛低，交易便利，既可以在二级市场像买卖股票一样买卖基金份额，也可以在一级市场申购赎回。在丰富国内商品类基金的数量及种类的同时有效降低了商品投资门槛，满足各类投资者对大类资产的配置需求。

（4）商品 ETF 的投资成本较低

进入商品市场的方式通常包括现货投资、期货投资、商品类股票和商品基金四种。现货投资能够受益于其商品属性，但交割相对不便，且储存成本较高。投资者如果直接投资大宗商品、贵金属或者对应的期货、股票，交易手续费一般均较高，且像中国投资者比较青睐的实物金、纸黄金的投资，这些品种的买卖差价也较大，这些投资品种在很大程度上降低了投资者的投资收益。

期货属于高杠杆投资品种，且投资者需要进行换月移仓、保证金等操作，风险较高，增加投资成本的同时也降低了资产流动性。商品类股票与上市公司经营情况的相关性较高，且会受到整体股票市场波动影响，无法有效反映商品市场的损益。

相较之下，商品基金风险较低、操作简便、对于商品价格的追踪较为紧密，是较理想的大类资产配置工具。其中又以商品 ETF 优势最为突出：其规模效应和被动管理的模式使单位投资的成本大幅降低，对比主动基金最高 1.2% 的管理费来说，ETF 管理费用绝大多数在 0.50%，是最适合普通投资者的低成本投资工具。

（5）商品 ETF 的交易效率较高

一方面，由于商品 ETF 直接跟踪商品价格，对基本面反应更直接。相较于常用来做替代的周期类股票，商品 ETF 中短期表现受估值变化和市场情绪影响更小，这种直接、迅速的反应能带来更多事件型的交易机会。

另一方面，根据现有交易所相关规则，商品 ETF 二级市场交易实行 T+0 制度，即当日买入的商品 ETF 份额当日可以卖出，支持日内多次买卖操作，较股票 ETF 交易效率更高。

对于投资者而言，更多的交易机会和更灵活高效的交易制度意味着可以实现更多样化的投资策略：如获取日内价差收益的波段操作等，当出现其他投资机会，投资者也可以及时将商品 ETF 份额卖出，比投资于其他场内证券品种更高效。

（6）商品 ETF 连通证券、期货交易市场

国内首批 3 只商品期货 ETF 的上市开启了有色金属期货、饲料豆粕期货和能源化工期货指数化投资的大门，也进一步夯实了商品期货市场与证券交易市场互联互通的基础，对于期货和证券基金市场来说都具有重要意义。

对于证券基金市场，商品期货 ETF 丰富了投资品种和避险工具，打通了期货市场的投资路径，满足了投资者抵御通货膨胀风险、大类资产配置等需求；对于期货市场，商品期货 ETF 的上市也能进一步推动交易所基金市场与商品期货市场协同发展，优化期货市场的投资者结构，推进我国期货市场以及整个资本市场机构化、专业化进程，增强资本市场服务实体经济的能力，促进资本市场高质量发展。

（7）商品 ETF 潜在套利机会较多

商品 ETF 高效的交易机制和独特的跨证券、期货市场联动允许市场开发更多成熟的套利策略，在活跃资本市场的同时也能减小资产定价误差，反映商品真实价格。比如 T+0 交易使当日买入的商品期货 ETF 当日就可以卖出，在进行套利时可以不等到收盘，直接在盘中平仓获得套利收益。

3. 跨境 ETF 是什么，有哪些特点?

（1）跨境 ETF 的概念

跨境 ETF 是指以跟踪境外资本市场证券作为成份券的指数并在国内证券交易所上市的 ETF。简单地说，跨境 ETF 就是“跟踪境外指数，境内上市交易”的 ETF。跨境 ETF 是境内投资者投资境外市场的最有效的途径之一，已受到投资者的普遍欢迎。投资者常见的纳指 ETF、标普 500 ETF 等品种都是跨境 ETF。

（2）跨境 ETF 的特点

近几年，跨境 ETF 产品越来越丰富，包括以标普 500、纳斯达克 100、日经 225、德国 DAX30、法国 CAC40 等国际重要市场指数为跟踪目标的跨境 ETF，涵盖了全球主要经济体和市场。国内投资者只要开立证券交易账户，即可以便捷地通过投资跨境 ETF，实现全球资产配置。跨境 ETF 具有以下特点：

①海外投资便捷。投资者不需要开通海外账户及换汇，即可通过跨境 ETF 投资海外证券资产，实现全球资产配置。

②交易效率高。不同于国内 A 股 ETF，跨境 ETF 可实现日内 T+0 回转交易，即当日买入，当日可以卖出，有利于投资者根据市场情况灵活作出交易决策。

③更好地分散风险。投资者可通过全球化资产配置，降低集中投资于某国或某一区域资产所导致的系统性风险。

（3）跨境 ETF 是投资跨境资产的较优选择

与普通跨境 QDII 基金相比，跨境 ETF 有着明显的高效便捷、低成本的特点。

跨境 ETF 和普通跨境 QDII 基金对比

就效率而言，跨境 ETF 买卖可以实现 T+0 日内回转交易，非常便利，而普通跨境 QDII 基金申购、赎回效率则相对较低，申购、赎回都需要 T+X 日确认，赎回资金到账则需要 T+4 至 T+7 日。

就费率而言，普通的 QDII 基金一般会收取 1% ~1.5%

的申购费（代销端打 1 折）和 0 ~ 0. 5% 的赎回费（持有 7 天以上），持有 7 天以内收取 1. 5% 的赎回费，而跨境 ETF 则不需要申购赎回费。普通的 QDII 基金管理费率在 1. 0% 到 1. 85% 之间，托管费率在 0. 25% 到 0. 35% 之间，而跨境 ETF 的管理费率在 0. 5% 到 0. 8% 之间，托管费率在 0. 10% 到 0. 25% 之间，成本优势非常明显。

（4）跨境 ETF 如何受汇率影响

跨境 ETF 投资可以使用人民币进行申购、赎回和交易，资金由基金管理人换汇后投资于境外资本市场，不占用个人的外汇使用额度。跨境 ETF 以人民币计价，外币升值有益于基金净值；反之亦然，人民币升值对基金净值不利。

例如，投资者用人民币申购跨境 ETF，基金公司用申购资金进行售汇调款至境外市场进行股票交易；在赎回时，基金公司在境外市场卖出股票，得到的是对应外币，再通过调款结汇换成人民币。然而，汇率是实时变化的，当外币汇率走强，即人民币贬值时，所能兑换的人民币增加，投资者就可以从汇率中受益，享受境外外汇收益。

（5）跨境 ETF 的买卖交易机制

跨境 ETF 和普通 A 股的 ETF 一样，既可以申赎，也可以买卖。跨境 ETF 买卖交易机制可以直接实现 T+0 交易，当日买入、当日即可卖出，投资者可以利用跨境 ETF 的 T+0 交易机制在日内进行回转交易赚取价差。此外，同普通 A 股 ETF 一样，跨境 ETF 在二级市场上购买的最小单位都是 1 手（100 份）起，投资者参与的资金门槛非常低。

（6）跨境 ETF 的净值计算

跨境 ETF 的净值受到两个因素的影响，即其所跟踪的指数涨跌情况以及汇率的波动情况。跨境 ETF 投资于海外资产，因此外币的升值或贬值，均会对其净值造成相应的正面或负面的影响。由于海外股市的开盘时间与国内市场不同，海外市场 T 日的收盘时间通常为国内 T+1 日早上，跨境 ETF 无法即时公布前一交易日的净值，因此 T 日公布的净值是按照 T-2 日收盘的数据及 T-2 日的汇率来进行计算的。因此，估算 T 日交易时的实时净值，需要在公布的 T-2 日净值的基础上，考虑 T-1 日的指数变动因素以及 T-1 日和 T 日的汇率变动因素。以投资美股的跨境 ETF 举例，其净值计算公式为：

T 日预估净值 = T-2 日净值 +（T-1 指数涨幅 +1）×（T-1 汇率涨幅 +1）×（T 日汇率涨幅 +1）

（7）跨境 ETF 的投资策略

①资产配置法。资产配置法即根据投资需求，通过在不同市场进行投资，利用它们之间的低相关性来分散投资风险。通过配置跨境 ETF 投资于境外市场，可实现“不把鸡蛋放在一个篮子里”的分散投资，有效避免投资单一市场的高风险。对于跨境 ETF 投资而言，其作为资产配置的工具之一，投资者可以通过横向对比各市场主要指数平均收益率，如境内市场收益表现较弱而海外市场行情表现亮眼时，则可以通过跨境 ETF 配置海外资产来优化投资组合。

②定投法。定投是指以固定的周期和金额采用自动扣款或主动购买的方式投资基金，通过其逢低加码、逢高减码的特点，平滑买入成本，淡化“择时”对收益的影响。

③分批买卖法。分批买卖法是在市场下跌时逐步买入，随着市场下跌的加深逐步增加购买量，而在市场反弹时逐步卖出的方法，这种策略遵循一定的择时规则。

④估值法。估值法主要使用指标如 PE（市盈率）、PB（市净率）来判断指数的估值水平。当估值指标处于历史较低分位时，则可认为指数被低估，是买入的时机；反之，当估值指标较高时，可认为指数被高估，是卖出的时机。

（8）投资跨境 ETF 的主要风险

①汇率风险。因为跨境 **ETF** 产品主要投资于海外市场，而海外市场的金融凭证以外币计价，所以投资海外资产存在汇率波动的风险。

汇率风险

②市场风险。由于 **ETF** 产品存在满仓操作和较低的可控性，当国外市场发生大幅波动时，**ETF** 产品面临较大的风险。

市场风险

③国内外交易日期不同的风险。由于全球市场存在时差，国内外市场无法及时反映对方市场收盘后的变动。这种交易时差使投资者无法同时根据两边市场的运行特点作出决策，增加了投资收益的不确定性。

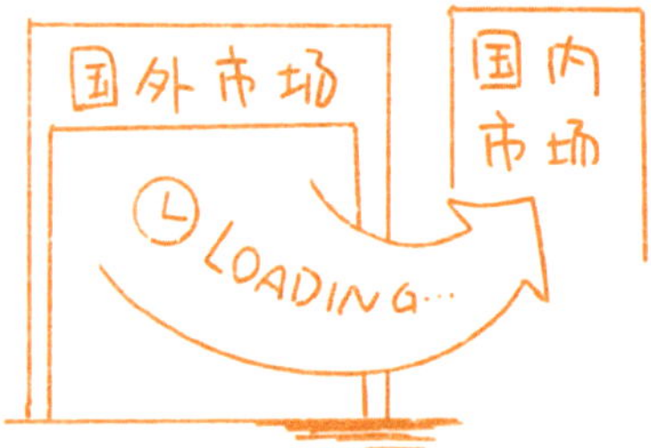

国内外交易日期不同的风险

④跟踪误差。由于交易制度、结算模式、汇率等因素的存在，我国与国外市场之间存在一定差异。基金投资海外资产不可能完全复制指数的涨跌，因此存在一定的跟踪误差。

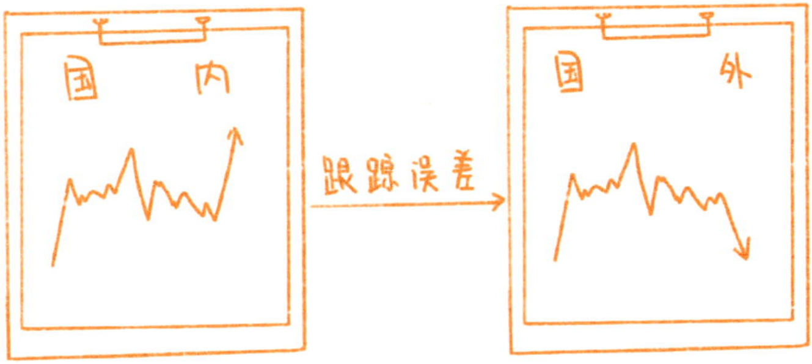

跟踪误差

附录

附录1：深交所主要ETF产品介绍[①]

一、主要宽基ETF（期权标的ETF）

1. 创业板ETF

创业板ETF跟踪创业板指数，由最具代表性的100家创业板上市企业股票组成，反映创业板市场层次的运行情况。该指数行业分布主要集中于工业、信息技术、医疗保健和材料领域。具有代表性的产品为易方达基金的创业板ETF（基金代码：159915）和天弘基金的创业板ETF（基金代码：159977），其中，易方达基金的创业板ETF为期权标的。

2. 沪深300 ETF

沪深300 ETF跟踪沪深300指数，选取沪深市场中规模大、流动性好的最具代表性的300只证券，以反映沪深市场上市公司证券的整体表现。该指数行业分布主要集中于

① 数据截至2023年底。

工业、金融、主要消费和信息技术领域。深市具有代表性的产品为嘉实基金的沪深 300 ETF（基金代码：159919）和南方基金的沪深 300 ETF（基金代码：159925），其中，嘉实基金的沪深 300 ETF 为期权标的。

3. 深证 100 ETF

深证 100 ETF 跟踪深证 100 指数，选取深圳市场中规模大、流动性好的最具代表性的 100 只证券，以反映深圳市场上市公司证券的整体表现。该指数行业分布主要集中于信息技术、工业、日常消费和可选消费领域。具有代表性的产品为易方达基金的深证 100 ETF（基金代码：159901），为期权标的。

4. 中证 500 ETF

中证 500 ETF 跟踪中证 500 指数，选取沪深市场中除沪深 300 成份股外规模较大、流动性较好的 500 只证券，以反映沪深市场中小盘上市公司证券的整体表现。该指数行业分布主要集中于信息技术、材料、工业和医疗保健领域。深市具有代表性的产品为嘉实基金的中证 500 ETF（基金代码：159922）和天弘基金的中证 500 ETF（基金代码：159820），其中嘉实基金的中证 500 ETF 为期权标的。

二、其他主要宽基 ETF

1. 深证 50 ETF

深证 50 ETF 跟踪深 50 指数。深 50 指数反映深市市值规模大、行业代表性强、公司治理良好的头部公司股价走势，定位于创新型成长型宽基投资标的，突出产品功能。该指数行业分布主要集中于工业、信息技术和可选消费领域。深市具有代表性的产品为易方达基金的深证 50 ETF（基金代码：159150）、富国基金的深证 50 ETF（基金代码：159350）。

2. 中证 1000 ETF

中证 1000 ETF 跟踪中证 1000 指数。中证 1000 指数选取中证 800 指数样本以外的规模偏小且流动性好的 1000 只证券作为指数样本，与沪深 300 和中证 500 等指数形成互补。该指数行业分布主要集中于工业、信息技术、原材料和医药卫生领域。深市具有代表性的产品为华夏基金的中证 1000 ETF（基金代码：159845）、易方达基金的中证 1000 ETF（基金代码：159633）。

3. MSCI A50 ETF

MSCI A50 ETF 跟踪 MSCI 中国 A50 互联互通指数。

MSCI中国A50互联互通指数采用行业中性的方法，从满足互联互通条件的最大市值股票中选取50只，旨在代表50只大盘中国A股的表现。该指数行业分布主要集中于工业、金融、主要消费和原材料领域。深市具有代表性的产品为华夏基金的MSCI A50 ETF（基金代码：159601）、南方基金的MSCI A50 ETF（基金代码：159602）。

4. 创业板50 ETF

创业板50 ETF跟踪创业板50指数。创业板50指数由创业板市场中日均成交额较大的50只股票组成，反映创业板市场内知名度高、市值规模大、流动性好的企业的整体表现。该指数行业分布主要集中于工业、医药卫生、信息技术和金融领域。深市具有代表性的产品为华安基金的创业板50 ETF（基金代码：159949）。

5. 中证100 ETF

中证100 ETF跟踪中证100指数。中证100指数从沪深市场中选取100只市值较大、流动性较好且具有行业代表性的上市公司证券作为指数样本，以反映沪深市场核心龙头上市公司证券的整体表现。该指数行业分布主要集中于工业、信息技术、原材料和金融领域。深市具有代表性的产品为招商基金的中证100 ETF（基金代码：159631）。

6. 国证 2000 ETF

国证 2000 ETF 跟踪国证 2000 指数。国证 2000 指数由扣除总市值排名前 1000 只证券后市值大、流动性好的 2000 只证券组成，反映沪深北交易所小型证券的价格变动趋势。该指数行业分布主要集中于工业、信息技术、原材料和可选消费领域。深市具有代表性的产品为广发基金的国证 2000 ETF（基金代码：159907）、万家基金的国证 2000 ETF（基金代码：159628）。

7. 恒生 ETF

恒生 ETF 跟踪恒生指数，选取港股市场中规模大、流动性好的各行业类别中具有代表性的证券，综合考虑行业组别内代表性、市值、成交额及财务表现来筛选成份股，以反映香港市场上市公司证券的整体表现。该指数行业分布主要集中于金融、可选消费、信息技术、房地产和能源领域。深市具有代表性的产品为华夏基金的恒生 ETF（基金代码：159920）。

8. 纳指 ETF

纳指 ETF 跟踪纳斯达克 100 指数，旨在衡量在纳斯达克上市的 100 家最大的非金融公司的表现。该指数行业分布主要集中于信息技术、可选消费、医疗保健和工业领域。深市具有代表性的产品为广发基金的纳斯达克 100 ETF（基金代码：159941）、华安基金的纳斯达克 100 ETF（基金代码：159632）。

三、主要行业主题 ETF

1. 科技类行业主题 ETF

华夏基金的芯片 ETF（基金代码：159995）、鹏华基金的半导体 ETF（基金代码：159813）和易方达基金的人工智能 ETF（基金代码：159819）为深市具有代表性的科技类行业主题 ETF 产品。其中，华夏基金的芯片 ETF 和鹏华基金的半导体 ETF 均跟踪国证半导体芯片指数，投资于沪深市场中业务范畴属于芯片产业中材料、设备、设计、制造、封装和测试等上市公司，以反映芯片市场整体表现。易方达的人工智能 ETF 跟踪中证人工智能主题指数，投资于沪深市场中业务涉及为人工智能提供基础资源、技术以及应用支持的上市公司，以反映人工智能主题上市公司的整体表现。

2. 新能源类行业主题 ETF

广发基金的电池 ETF（基金代码：159755）、国泰基金的新能源车 ETF（基金代码：159806）、天弘基金的光伏 ETF（基金代码：159857）为深市具有代表性的新能源类行业主题 ETF 产品。其中，广发新能源车电池 ETF 跟踪国证新能源车电池指数，反映新能源车电池产业上市公司的整体表现；国泰基金的新能源车 ETF 跟踪中证新能源汽车指数，反映新能源汽车相关上市公司的整体表现；天弘基金的光伏 ETF 跟踪中证光伏产业指数，反映光伏产业的整体表现。

3. 消费医药类行业主题 ETF

银华基金的创新药 ETF（基金代码：159992）、汇添富基金的消费 ETF（基金代码：159928）、广发基金的医药卫生 ETF（基金代码：159938）、天弘生物医药 ETF（基金代码：159859）为深市具有代表性的消费医药类行业主题 ETF 产品。其中，银华基金的创新药 ETF 跟踪中证创新药产业指数，反映创新药产业的整体表现；汇添富基金的消费 ETF 跟踪中证主要消费指数，主要投资于消费行业，反映消费产业的整体表现；广发基金的医药卫生 ETF 跟踪中证全指医药卫生指数，反映医药卫生行业的整体表现；天弘生物医药 ETF 跟踪国证生物医药指数，反映生物医药的整体表现。

四、主要债券 ETF

1. 政策性金融债 ETF

政策性金融债 ETF 跟踪政策性金融债指数。政策性金融债是我国政策性银行（国家开发银行、中国农业发展银行、中国进出口银行）发行的金融债券，具有准利率债特征，信用风险极低。目前深市政金债 ETF 产品跟踪指数包括中债0～3 年国开行债券指数和中债1～5 年国开行债券指数。以中债0～3 年国开债指数为例，该指数成份券包括国家开发银行在境内公开发行且上市流通的待偿期 3 年以内（包含3 年）的政策性银行债。深市政金债 ETF 采用现金申赎模式，份额可质押，支持 T+0 日内回转交易，已纳入融券卖出资金的投资范围。深市具有代表性的产品为博时基金的国开 ETF（基金代码：159650）、华安基金的国开债 ETF（基金代码：159649）和平安基金的国开 0～3 ETF（基金代码：159651）。

2. 地方政府债 ETF

地方政府债 ETF 跟踪地方政府债指数，主要投向各地方政府发行的不同期限的债券，为投资者参与投资地方债提供了高效、便捷的场内交易工具。深市地方政府债 ETF

采用实物申赎模式，份额可质押，支持 T+0 日内回转交易，已纳入融券卖出资金的投资范围。目前深市地方政府债 ETF 产品跟踪指数包括中证 5 年期地方政府债指数和中证 0~4 年期地方政府债指数。以中证 5 年期地方政府债指数为例，该指数的样本券由剩余期限在 4 年以上 5.25 年以下非定向发行的地方政府债券组成。深市具有代表性的产品为鹏华基金的 5 年地债 ETF（基金代码：159972）和 0~4 地债 ETF（基金代码：159816）。

五、商品 ETF

1. 黄金 ETF

黄金 ETF 将绝大部分基金财产投资于上海黄金交易所挂盘交易的黄金品种，以紧密跟踪黄金价格走势。国内市场上黄金 ETF 主要包括两类：一类跟踪上海黄金交易所 AU9999 合约价格，深市代表产品为博时基金的黄金 ETF 基金（代码：159937）；另一类跟踪上海黄金交易所上海金 SHAU 集中定价合约价格，深市代表产品为天弘基金的上海金 ETF（代码：159830）。

2. 商品期货 ETF

商品期货 ETF 通过持有商品期货合约以实现跟踪商品

期货价格指数表现的投资目标，目前国内市场上商品期货ETF仅有3只，且均在深交所上市，分别跟踪国内三大期货交易所相关商品期货价格指数，包括：

大成基金的有色ETF（基金代码：159980），跟踪上海期货交易所的有色金属期货价格指数，指数成份包含铜、铝、锌、铅、锡、镍6种有色金属期货合约，上述有色金属均为重要的国民经济发展基础材料。

华夏基金的豆粕ETF（基金代码：159985），跟踪大连商品交易所的豆粕期货价格指数，该指数成份仅包含豆粕期货合约，豆粕是世界上最重要的饲料原料之一。

建信基金的能源化工ETF（基金代码：159981），跟踪郑州商品交易所的能源化工指数，该指数成份包含PTA（精对苯二甲酸）、甲醇和玻璃3种化工产品的期货合约。上述化工产品均为现代工业生产不可或缺的化工原料。

附录 2：深交所 ETF 产品列表

序号	证券代码	证券简称	基金全称	投资类型
1	159901	深证 100 ETF	易方达深证 100 交易型开放式指数基金	股票型
2	159902	中小 100 ETF	中小企业 100 交易型开放式指数基金	股票型
3	159903	深成 ETF	深证成分交易型开放式指数证券投资基金	股票型
4	159905	深红利 ETF	深证红利交易型开放式指数证券投资基金	股票型
5	159906	深成长龙头 ETF	深证成长 40 交易型开放式指数证券投资基金	股票型
6	159908	创业板 ETF 博时	博时创业板交易型开放式指数证券投资基金	股票型
7	159907	2000 ETF	广发国证 2000 交易型开放式指数证券投资基金	股票型
8	159909	TMT50 ETF	深证电子信息传媒产业（TMT）50 交易型开放式指数证券投资基金	股票型
9	159910	基本面 120ETF	深证基本面 120 交易型开放式指数证券投资基金	股票型
10	159916	深 F60ETF	深证基本面 60 交易型开放式指数证券投资基金	股票型
11	159913	深价值 ETF	深证 300 价值交易型开放式指数证券投资基金	股票型

续表

序号	证券代码	证券简称	基金全称	投资类型
12	159912	深 300 ETF	深证 300 交易型开放式指数证券投资基金	股票型
13	159915	创业板 ETF	易方达创业板交易型开放式指数证券投资基金	股票型
14	159918	中创 400ETF	中创 400 交易型开放式指数证券投资基金	股票型
15	159919	沪深 300 ETF	嘉实沪深 300 交易型开放式指数证券投资基金	股票型
16	159923	中证 100 ETF	大成中证 100 交易型开放式指数证券投资基金	股票型
17	159922	中证 500 ETF	嘉实中证 500 交易型开放式指数证券投资基金	股票型
18	159925	沪深 300 ETF 南方	南方沪深 300 交易型开放式指数证券投资基金	股票型
19	159928	消费 ETF	中证主要消费交易型开放式指数证券投资基金	股票型
20	159929	医药 ETF	中证医药卫生交易型开放式指数证券投资基金	股票型
21	159930	能源 ETF	中证能源交易型开放式指数证券投资基金	股票型
22	159931	金融 ETF	中证金融地产交易型开放式指数证券投资基金	股票型
23	159933	国投金融地产 ETF	国投瑞银沪深 300 金融地产交易型开放式指数证券投资基金	股票型
24	159935	景顺中证 500 ETF	景顺长城中证 500 交易型开放式指数证券投资基金	股票型
25	159936	可选消费 ETF	广发中证全指可选消费交易型开放式指数证券投资基金	股票型

续表

序号	证券代码	证券简称	基金全称	投资类型
26	159938	医药卫生 ETF	广发中证全指医药卫生交易型开放式指数证券投资基金	股票型
27	159939	信息技术 ETF	广发中证全指信息技术交易型开放式指数证券投资基金	股票型
28	159940	金融地产 ETF	广发中证全指金融地产交易型开放式指数证券投资基金	股票型
29	159944	材料 ETF	广发中证全指原材料交易型开放式指数证券投资基金	股票型
30	159945	能源 ETF 基金	广发中证全指能源交易型开放式指数证券投资基金	股票型
31	159943	深证成指 ETF	大成深证成份交易型开放式指数证券投资基金	股票型
32	159948	创业板 ETF 南方	南方创业板交易型开放式指数证券投资基金	股票型
33	159949	创业板 50 ETF	华安创业板 50 交易型开放式指数证券投资基金	股票型
34	159952	创业板 ETF 广发	广发创业板交易型开放式指数证券投资基金	股票型
35	159957	创业板 100 ETF 华夏	华夏创业板交易型开放式指数证券投资基金	股票型
36	159958	创业板 ETF 工银	工银瑞信创业板交易型开放式指数证券投资基金	股票型
37	159956	创业板 ETF 建信	建信创业板交易型开放式指数证券投资基金	股票型
38	159954	H 股 ETF	南方恒生中国企业交易型开放式指数证券投资基金	股票型
39	159960	恒生中国企业 ETF	平安港股通恒生中国企业交易型开放式指数证券投资基金	股票型

续表

序号	证券代码	证券简称	基金全称	投资类型
40	159961	深 100 ETF 方正富邦	方正富邦深证 100 交易型开放式指数证券投资基金	股票型
41	159959	央企 ETF	银华中证央企结构调整交易型开放式指数证券投资基金	股票型
42	159964	创业板 ETF 平安	平安创业板交易型开放式指数证券投资基金	股票型
43	159965	央视 50 ETF	国联央视财经 50 交易型开放式指数证券投资基金	股票型
44	159971	创业板 ETF 富国	富国创业板交易型开放式指数证券投资基金	股票型
45	159966	创业板价值 ETF	华夏创业板低波价值交易型开放式指数证券投资基金	股票型
46	159967	创业板成长 ETF	华夏创业板动量成长交易型开放式指数证券投资基金	股票型
47	159973	民企 ETF	弘毅远方国证民企领先 100 交易型开放式指数证券投资基金	股票型
48	159969	深 100 ETF 银华	银华深证 100 交易型开放式指数证券投资基金	股票型
49	159977	创业板 ETF 天弘	天弘创业板交易型开放式指数证券投资基金	股票型
50	159968	中证 500 ETF 博时	博时中证 500 交易型开放式指数证券投资基金	股票型
51	159987	科技创新 ETF	银华中证研发创新 100 交易型开放式指数证券投资基金	股票型
52	159974	央企创新 ETF	富国中证央企创新驱动交易型开放式指数证券投资基金	股票型
53	159975	深 100 ETF 招商	招商深证 100 交易型开放式指数证券投资基金	股票型

续表

序号	证券代码	证券简称	基金全称	投资类型
54	159970	深 100 ETF 工银	工银瑞信深证 100 交易型开放式指数证券投资基金	股票型
55	159976	湾创 ETF	工银瑞信粤港澳大湾区创新 100 交易型开放式指数证券投资基金	股票型
56	159990	小盘价值 ETF	银华巨潮小盘价值交易型开放式指数证券投资基金	股票型
57	159993	证券 ETF 龙头	鹏华国证证券龙头交易型开放式指数证券投资基金	股票型
58	159995	芯片 ETF	华夏国证半导体芯片交易型开放式指数证券投资基金	股票型
59	159801	芯片 ETF 龙头	广发国证半导体芯片交易型开放式指数证券投资基金	股票型
60	159982	中证 500 ETF 鹏华	鹏华中证 500 交易型开放式指数证券投资基金	股票型
61	159994	5GETF	银华中证 5G 通信主题交易型开放式指数证券投资基金	股票型
62	159996	家电 ETF	国泰中证全指家用电器交易型开放式指数证券投资基金	股票型
63	159806	新能源车 ETF	国泰中证新能源汽车交易型开放式指数证券投资基金	股票型
64	159997	电子 ETF	天弘中证电子交易型开放式指数证券投资基金	股票型
65	159807	科技 ETF	易方达中证科技 50 交易型开放式指数证券投资基金	股票型
66	159804	创中盘 88ETF	国寿安保国证创业板中盘精选 88 交易型开放式指数证券投资基金	股票型
67	159992	创新药 ETF	银华中证创新药产业交易型开放式指数证券投资基金	股票型

续表

序号	证券代码	证券简称	基金全称	投资类型
68	159998	计算机 ETF	天弘中证计算机主题交易型开放式指数证券投资基金	股票型
69	159805	传媒 ETF	鹏华中证传媒交易型开放式指数证券投资基金	股票型
70	159811	5G50 ETF	博时中证 5G 产业 50 交易型开放式指数证券投资基金	股票型
71	159991	创大盘 ETF	招商创业板大盘交易型开放式指数证券投资基金	股票型
72	159813	半导体 ETF	鹏华国证半导体芯片交易型开放式指数证券投资基金	股票型
73	159810	浦银创业板 ETF	浦银安盛创业板交易型开放式指数证券投资基金	股票型
74	159814	创业大盘 ETF	西部利得创业板大盘交易型开放式指数证券投资基金	股票型
75	159820	中证 500 ETF 天弘	天弘中证 500 交易型开放式指数证券投资基金	股票型
76	159808	创 100 ETF 融通	融通创业板交易型开放式指数证券投资基金	股票型
77	159819	人工智能 ETF	易方达中证人工智能主题交易型开放式指数证券投资基金	股票型
78	159821	BOCI 创业板 ETF	中银证券创业板交易型开放式指数证券投资基金	股票型
79	159827	农业 50 ETF	银华中证农业主题交易型开放式指数证券投资基金	股票型
80	159825	农业 ETF	富国中证农业主题交易型开放式指数证券投资基金	股票型
81	159824	新能车 ETF	博时中证新能源汽车交易型开放式指数证券投资基金	股票型

续表

序号	证券代码	证券简称	基金全称	投资类型
82	159828	医疗 ETF	国泰中证医疗交易型开放式指数证券投资基金	股票型
83	159837	生物科技 ETF	易方达中证生物科技主题交易型开放式指数证券投资基金	股票型
84	159856	互联网龙头 ETF	工银瑞信中证沪港深互联网交易型开放式指数证券投资基金	股票型
85	159843	食品饮料 ETF	招商国证食品饮料行业交易型开放式指数证券投资基金	股票型
86	159841	证券 ETF	天弘中证全指证券公司交易型开放式指数证券投资基金	股票型
87	159852	软件 ETF	嘉实中证软件服务交易型开放式指数证券投资基金	股票型
88	159839	生物药 ETF	汇添富国证生物医药交易型开放式指数证券投资基金	股票型
89	159857	光伏 ETF	天弘中证光伏产业交易型开放式指数证券投资基金	股票型
90	159855	影视 ETF	银华中证影视主题交易型开放式指数证券投资基金	股票型
91	159849	生物科技 ETF 招商	招商中证生物科技主题交易型开放式指数证券投资基金	股票型
92	159870	化工 ETF	鹏华中证细分化工产业主题交易型开放式指数证券投资基金	股票型
93	159867	畜牧 ETF	鹏华中证畜牧养殖交易型开放式指数证券投资基金	股票型
94	159869	游戏 ETF	华夏中证动漫游戏交易型开放式指数证券投资基金	股票型
95	159865	养殖 ETF	国泰中证畜牧养殖交易型开放式指数证券投资基金	股票型

续表

序号	证券代码	证券简称	基金全称	投资类型
96	159863	光伏 ETF 基金	鹏华中证光伏产业交易型开放式指数证券投资基金	股票型
97	159848	证券 ETF 基金	国联安中证全指证券公司交易型开放式指数证券投资基金	股票型
98	159842	券商 ETF	银华中证全指证券公司交易型开放式指数证券投资基金	股票型
99	159851	金融科技 ETF	华宝中证金融科技主题交易型开放式指数证券投资基金	股票型
100	159876	有色龙头 ETF	华宝中证有色金属交易型开放式指数证券投资基金	股票型
101	159858	创新药 ETF 基金	南方中证创新药产业交易型开放式指数证券投资基金	股票型
102	159880	有色 ETF 基金	鹏华国证有色金属行业交易型开放式指数证券投资基金	股票型
103	159835	创新药 50 ETF	建信中证创新药产业交易型开放式指数证券投资基金	股票型
104	159873	医疗设备 ETF	天弘中证全指医疗保健设备与服务交易型开放式指数证券投资基金	股票型
105	159845	中证 1000 ETF	华夏中证 1000 交易型开放式指数证券投资基金	股票型
106	159871	有色金属 ETF	银华中证有色金属交易型开放式指数证券投资基金	股票型
107	159861	碳中和 50 ETF	国泰中证环保产业 50 交易型开放式指数证券投资基金	股票型
108	159890	云计算 ETF	招商中证云计算与大数据主题交易型开放式指数证券投资基金	股票型
109	159885	碳中和 ETF 基金	鹏华中证内地低碳经济主题交易型开放式指数证券投资基金	股票型

续表

序号	证券代码	证券简称	基金全称	投资类型
110	159886	机械 ETF	富国中证细分机械设备产业主题交易型开放式指数证券投资基金	股票型
111	159883	医疗器械 ETF	永赢中证全指医疗器械交易型开放式指数证券投资基金	股票型
112	159887	银行 ETF	富国中证 800 银行交易型开放式指数证券投资基金	股票型
113	159888	智能车 ETF	华夏中证智能汽车主题交易型开放式指数证券投资基金	股票型
114	159836	创 300 ETF	天弘创业板 300 交易型开放式指数证券投资基金	股票型
115	159735	港股消费 ETF	银华中证港股通消费主题交易型开放式指数证券投资基金	股票型
116	159898	医疗器械指数 ETF	招商中证全指医疗器械交易型开放式指数证券投资基金	股票型
117	159703	新材料 ETF	天弘中证新材料主题交易型开放式指数证券投资基金	股票型
118	159891	医疗 ETF 基金	建信中证全指医疗保健设备与服务交易型开放式指数证券投资基金	股票型
119	159745	建材 ETF	国泰中证全指建筑材料交易型开放式指数证券投资基金	股票型
120	159755	电池 ETF	广发国证新能源车电池交易型开放式指数证券投资基金	股票型
121	159721	深创龙头 ETF	永赢深证创新 100 交易型开放式指数证券投资基金	股票型
122	159716	深创 100 ETF	华宝深证创新 100 交易型开放式指数证券投资基金	股票型
123	159899	软件龙头 ETF	招商中证全指软件交易型开放式指数证券投资基金	股票型

续表

序号	证券代码	证券简称	基金全称	投资类型
124	159872	智能网联汽车 ETF	鹏华中证车联网主题交易型开放式指数证券投资基金	股票型
125	159881	有色 60ETF	国泰中证有色金属交易型开放式指数证券投资基金	股票型
126	159708	红利 ETF	西部利得深证红利交易型开放式指数证券投资基金	股票型
127	159709	物联网 ETF 工银	工银瑞信深证物联网 50 交易型开放式指数证券投资基金	股票型
128	159725	线上消费 ETF	工银瑞信中证线上消费主题交易型开放式指数证券投资基金	股票型
129	159780	双创 ETF	南方中证科创创业 50 交易型开放式指数证券投资基金	股票型
130	159781	科创创业 ETF	易方达中证科创创业 50 交易型开放式指数证券投资基金	股票型
131	159783	科创创业 50 ETF	华夏中证科创创业 50 交易型开放式指数证券投资基金	股票型
132	159782	双创 50 ETF 基金	银华中证科创创业 50 交易型开放式指数证券投资基金	股票型
133	159859	生物医药 ETF	天弘国证生物医药交易型开放式指数证券投资基金	股票型
134	159847	医疗 50 ETF	易方达中证医疗交易型开放式指数证券投资基金	股票型
135	159720	智能电车 ETF 泰康	泰康中证智能电动汽车交易型开放式指数证券投资基金	股票型
136	159729	互联网 ETF	汇添富中证沪港深互联网交易型开放式指数证券投资基金	股票型
137	159766	旅游 ETF	富国中证旅游主题交易型开放式指数证券投资基金	股票型

续表

序号	证券代码	证券简称	基金全称	投资类型
138	159752	新能源龙头 ETF	申万菱信中证内地新能源主题交易型开放式指数证券投资基金	股票型
139	159838	医药 ETF 基金	博时中证医药 50 交易型开放式指数证券投资基金	股票型
140	159786	VRETF	银华中证虚拟现实主题交易型开放式指数证券投资基金	股票型
141	159790	碳中和 ETF	华夏中证内地低碳经济主题交易型开放式指数证券投资基金	股票型
142	159710	智能电车 ETF	建信中证智能电动汽车交易型开放式指数证券投资基金	股票型
143	159757	电池 30ETF	景顺长城国证新能源车电池交易型开放式指数证券投资基金	股票型
144	159864	光伏 50 ETF	国泰中证光伏产业交易型开放式指数证券投资基金	股票型
145	159713	稀土 ETF	富国中证稀土产业交易型开放式指数证券投资基金	股票型
146	159875	新能源 ETF	嘉实中证新能源交易型开放式指数证券投资基金	股票型
147	159840	锂电池 ETF	工银瑞信国证新能源车电池交易型开放式指数证券投资基金	股票型
148	159732	消费电子 ETF	华夏国证消费电子主题交易型开放式指数证券投资基金	股票型
149	159767	电池龙头 ETF	兴银国证新能源车电池交易型开放式指数证券投资基金	股票型
150	159889	智能汽车 ETF	国泰中证智能汽车主题交易型开放式指数证券投资基金	股票型
151	159715	稀土 ETF 易方达	易方达中证稀土产业交易型开放式指数证券投资基金	股票型

续表

序号	证券代码	证券简称	基金全称	投资类型
152	159763	新材料 ETF 基金	建信中证新材料主题交易型开放式指数证券投资基金	股票型
153	159736	饮食 ETF	天弘中证食品饮料交易型开放式指数证券投资基金	股票型
154	159792	港股通互联网 ETF	富国中证港股通互联网交易型开放式指数证券投资基金	股票型
155	159717	ESGETF	鹏华国证 ESG300 交易型开放式指数证券投资基金	股票型
156	159733	消费电子 50 ETF	景顺长城中证消费电子主题交易型开放式指数证券投资基金	股票型
157	159773	创业板科技 ETF	华泰柏瑞创业板科技交易型开放式指数证券投资基金	股票型
158	159723	科技龙头 ETF	汇添富中证沪港深科技龙头交易型开放式指数证券投资基金	股票型
159	159777	创科技 ETF	国联安创业板科技交易型开放式指数证券投资基金	股票型
160	159895	物联网 50 ETF	易方达中证物联网主题交易型开放式指数证券投资基金	股票型
161	159877	医疗产业 ETF	南方中证全指医疗保健设备与服务交易型开放式指数证券投资基金	股票型
162	159601	A50 ETF	华夏 MSCI 中国 A50 互联互通交易型开放式指数证券投资基金	股票型
163	159602	中国 A50 ETF	南方 MSCI 中国 A50 互联互通交易型开放式指数证券投资基金	股票型
164	159770	机器人 ETF	天弘中证机器人交易型开放式指数证券投资基金	股票型
165	159862	食品 ETF	银华中证细分食品饮料产业主题交易型开放式指数证券投资基金	股票型

续表

序号	证券代码	证券简称	基金全称	投资类型
166	159712	港股通 50 ETF	国泰中证港股通 50 交易型开放式指数证券投资基金	股票型
167	159707	地产 ETF	华宝中证 800 地产交易型开放式指数证券投资基金	股票型
168	159739	大数据 ETF	鹏华中证云计算与大数据主题交易型开放式指数证券投资基金	股票型
169	159726	恒生红利 ETF	华夏恒生中国内地企业高股息率交易型开放式指数证券投资基金	股票型
170	159793	线上消费 ETF 平安	平安中证沪港深线上消费主题交易型开放式指数证券投资基金	股票型
171	159896	物联网龙头 ETF	南方中证物联网主题交易型开放式指数证券投资基金	股票型
172	159779	消费电子 ETF 基金	招商中证消费电子主题交易型开放式指数证券投资基金	股票型
173	159748	沪港深创新药 ETF	富国中证沪港深创新药产业交易型开放式指数证券投资基金	股票型
174	159731	石化 ETF	华夏中证石化产业交易型开放式指数证券投资基金	股票型
175	159761	新材料 50 ETF	国泰中证新材料主题交易型开放式指数证券投资基金	股票型
176	159706	深证 100 ETF 华安	华安深证 100 交易型开放式指数证券投资基金	股票型
177	159760	泰康公卫健康 ETF	泰康国证公共卫生与健康交易型开放式指数证券投资基金	股票型
178	159608	稀有金属 ETF	广发中证稀有金属主题交易型开放式指数证券投资基金	股票型
179	159701	物联网 ETF 招商	招商中证物联网主题交易型开放式指数证券投资基金	股票型

续表

序号	证券代码	证券简称	基金全称	投资类型
180	159730	龙头家电 ETF	博时国证龙头家电交易型开放式指数证券投资基金	股票型
181	159711	港股通 ETF	华夏中证港股通 50 交易型开放式指数证券投资基金	股票型
182	159718	港股医药 ETF	平安中证港股通医药卫生综合交易型开放式指数证券投资基金	股票型
183	159719	国企共赢 ETF	平安富时中国国企开放共赢交易型开放式指数证券投资基金	股票型
184	159751	港股科技 ETF	鹏华中证港股通科技交易型开放式指数证券投资基金	股票型
185	159758	红利 50 ETF	华夏中证红利质量交易型开放式指数证券投资基金	股票型
186	159606	中证 500 成长 ETF	易方达中证 500 质量成长交易型开放式指数证券投资基金	股票型
187	159611	电力 ETF	广发中证全指电力公用事业交易型开放式指数证券投资基金	股票型
188	159610	500 ETF 增强	景顺长城中证 500 增强策略交易型开放式指数证券投资基金	股票型
189	159728	在线消费 ETF	南方国证在线消费交易型开放式指数证券投资基金	股票型
190	159743	湖北 ETF	博时中证湖北新旧动能转换交易型开放式指数证券投资基金	股票型
191	159775	新能源车电池 ETF	建信国证新能源车电池交易型开放式指数证券投资基金	股票型
192	159613	信息安全 ETF	嘉实中证信息安全主题交易型开放式指数证券投资基金	股票型
193	159738	云计算 ETF 沪港深	华泰柏瑞中证沪港深云计算产业交易型开放式指数证券投资基金	股票型

续表

序号	证券代码	证券简称	基金全称	投资类型
194	159795	智能车 ETF 基金	汇添富中证智能汽车主题交易型开放式指数证券投资基金	股票型
195	159768	房地产 ETF	银华中证内地地产主题交易型开放式指数证券投资基金	股票型
196	159778	工业互联 ETF	鹏华中证工业互联网主题交易型开放式指数证券投资基金	股票型
197	159619	基建 ETF	国泰中证基建交易型开放式指数证券投资基金	股票型
198	159788	港股通 100 ETF	易方达中证港股通中国 100 交易型开放式指数证券投资基金	股票型
199	159769	消费电子龙头 ETF	银华中证消费电子主题交易型开放式指数证券投资基金	股票型
200	159791	300ESGETF	华夏沪深 300ESG 基准交易型开放式指数证券投资基金	股票型
201	159796	电池 50 ETF	汇添富中证电池主题交易型开放式指数证券投资基金	股票型
202	159787	建材 ETF 易方达	易方达中证全指建筑材料交易型开放式指数证券投资基金	股票型
203	159776	港股通医药 ETF	银华中证港股通医药卫生综合交易型开放式指数证券投资基金	股票型
204	159618	光伏 ETF 指数基金	华安中证光伏产业交易型开放式指数证券投资基金	股票型
205	159625	绿色电力 ETF	嘉实国证绿色电力交易型开放式指数证券投资基金	股票型
206	159798	消费 50 ETF	易方达中证消费 50 交易型开放式指数证券投资基金	股票型
207	159797	医疗器械 ETF 基金	汇添富中证全指医疗器械交易型开放式指数证券投资基金	股票型

续表

序号	证券代码	证券简称	基金全称	投资类型
208	159603	双创龙头 ETF	天弘中证科创创业 50 交易型开放式指数证券投资基金	股票型
209	159617	500 价值 ETF	华夏中证智选 500 价值稳健策略交易型开放式指数证券投资基金	股票型
210	159609	光伏龙头 ETF	浦银安盛中证光伏产业交易型开放式指数证券投资基金	股票型
211	159635	基建 50 ETF	华夏中证基建交易型开放式指数证券投资基金	股票型
212	159628	国证 2000 ETF	万家国证 2000 交易型开放式指数证券投资基金	股票型
213	159639	碳中和 ETF 南方	南方中证上海环交所碳中和交易型开放式指数证券投资基金	股票型
214	159636	港股通科技 30ETF	工银瑞信国证港股通科技交易型开放式指数证券投资基金	股票型
215	159640	碳中和龙头 ETF	工银瑞信中证上海环交所碳中和交易型开放式指数证券投资基金	股票型
216	159642	碳中和 100 ETF	大成中证上海环交所碳中和交易型开放式指数证券投资基金	股票型
217	159641	双碳 ETF	招商中证上海环交所碳中和交易型开放式指数证券投资基金	股票型
218	159647	中药 ETF	鹏华中证中药交易型开放式指数证券投资基金	股票型
219	159629	1000 ETF	富国中证 1000 交易型开放式指数证券投资基金	股票型
220	159633	中证 1000 指数 ETF	易方达中证 1000 交易型开放式指数证券投资基金	股票型
221	159620	500 成长 ETF	华夏中证智选 500 成长创新策略交易型开放式指数证券投资基金	股票型

续表

序号	证券代码	证券简称	基金全称	投资类型
222	159616	农牧 ETF	建信中证农牧主题交易型开放式指数证券投资基金	股票型
223	159638	高端装备 ETF	嘉实中证高端装备细分 50 交易型开放式指数证券投资基金	股票型
224	159643	疫苗 ETF	国泰国证疫苗与生物科技交易型开放式指数证券投资基金	股票型
225	159646	疫苗 ETF 基金	华泰柏瑞国证疫苗与生物科技交易型开放式指数证券投资基金	股票型
226	159631	中证 100 ETF 招商	招商中证 100 交易型开放式指数证券投资基金	股票型
227	159637	新能源车龙头 ETF	西藏东财中证新能源汽车交易型开放式指数证券投资基金	股票型
228	159621	MSCIESGETF	国泰 MSCI 中国 A 股 ESG 通用交易型开放式指数证券投资基金	股票型
229	159623	成渝经济圈 ETF	博时中证成渝地区双城经济圈成份交易型开放式指数证券投资基金	股票型
230	159645	疫苗指数 ETF	富国国证疫苗与生物科技交易型开放式指数证券投资基金	股票型
231	159658	数字经济 ETF	华安中证数字经济主题交易型开放式指数证券投资基金	股票型
232	159663	机床 ETF	华夏中证机床交易型开放式指数证券投资基金	股票型
233	159667	工业母机 ETF	国泰中证机床交易型开放式指数证券投资基金	股票型
234	159630	中证 100 ETF 基金	汇添富中证 100 交易型开放式指数证券投资基金	股票型
235	159627	A100 ETF	华夏中证 100 交易型开放式指数证券投资基金	股票型

续表

序号	证券代码	证券简称	基金全称	投资类型
236	159680	1000 ETF 增强	招商中证 1000 增强策略交易型开放式指数证券投资基金	股票型
237	159662	交运 ETF	南方国证交通运输行业交易型开放式指数证券投资基金	股票型
238	159675	创业板增强 ETF	嘉实创业板增强策略交易型开放式指数证券投资基金	股票型
239	159677	1000 增强 ETF	银华中证 1000 增强策略交易型开放式指数证券投资基金	股票型
240	159681	创 50 ETF	鹏华创业板 50 交易型开放式指数证券投资基金	股票型
241	159682	创业 50 ETF	景顺长城创业板 50 交易型开放式指数证券投资基金	股票型
242	159665	半导体龙头 ETF	工银瑞信国证半导体芯片交易型开放式指数证券投资基金	股票型
243	159683	运输 ETF	嘉实中证内地运输主题交易型开放式指数证券投资基金	股票型
244	159669	绿电 ETF	国泰国证绿色电力交易型开放式指数证券投资基金	股票型
245	159656	300 成长 ETF	万家沪深 300 成长交易型开放式指数证券投资基金	股票型
246	159652	有色 50 ETF	汇添富中证细分有色金属产业主题交易型开放式指数证券投资基金	股票型
247	159666	交通运输 ETF	华夏中证全指运输交易型开放式指数证券投资基金	股票型
248	159679	中证 1000 增强 ETF	国泰中证 1000 增强策略交易型开放式指数证券投资基金	股票型
249	159678	中证 500 增强 ETF	博时中证 500 增强策略交易型开放式指数证券投资基金	股票型

续表

序号	证券代码	证券简称	基金全称	投资类型
250	159671	稀有金属 ETF 基金	工银瑞信中证稀有金属主题交易型开放式指数证券投资基金	股票型
251	159657	生物疫苗 ETF	鹏华国证疫苗与生物科技交易型开放式指数证券投资基金	股票型
252	159689	消费 ETF 南方	南方中证主要消费交易型开放式指数证券投资基金	股票型
253	159653	ESG300 ETF	国联安国证 ESG300 交易型开放式指数证券投资基金	股票型
254	159672	主要消费 ETF	博时中证主要消费交易型开放式指数证券投资基金	股票型
255	159685	1000 增强 ETF 天弘	天弘中证 1000 增强策略交易型开放式指数证券投资基金	股票型
256	159676	创业板 ETF 增强	富国创业板增强策略交易型开放式指数证券投资基金	股票型
257	159691	港股红利 ETF	工银瑞信中证港股通高股息精选交易型开放式指数证券投资基金	股票型
258	159697	油气 ETF	鹏华国证石油天然气交易型开放式指数证券投资基金	股票型
259	159622	创新药 ETF 沪港深	西藏东财中证沪港深创新药产业交易型开放式指数证券投资基金	股票型
260	159670	消费 ETF 基金	国联安中证消费 50 交易型开放式指数证券投资基金	股票型
261	159695	通信 ETF	嘉实国证通信交易型开放式指数证券投资基金	股票型
262	159692	证券 ETF 东财	西藏东财中证证券公司 30 交易型开放式指数证券投资基金	股票型
263	159507	电信 ETF	广发国证通信交易型开放式指数证券投资基金	股票型

续表

序号	证券代码	证券简称	基金全称	投资类型
264	159506	恒生医疗 ETF	富国恒生港股通医疗保健交易型开放式指数证券投资基金	股票型
265	159690	矿业 ETF	招商中证有色金属矿业主题交易型开放式指数证券投资基金	股票型
266	159508	生物医药 ETF 基金	华安国证生物医药交易型开放式指数证券投资基金	股票型
267	159673	鹏华沪深 300 ETF	鹏华沪深 300 交易型开放式指数证券投资基金	股票型
268	159686	中证 100 ETF 易方达	易方达中证 100 交易型开放式指数证券投资基金	股票型
269	159503	财富管理 ETF	鹏扬国证财富管理交易型开放式指数证券投资基金	股票型
270	159512	汽车 ETF	广发中证全指汽车交易型开放式指数证券投资基金	股票型
271	159516	半导体设备 ETF	国泰中证半导体材料设备主题交易型开放式指数证券投资基金	股票型
272	159511	通信 ETF 基金	南方中证通信服务交易型开放式指数证券投资基金	股票型
273	159510	沪深 300 价值 ETF	华夏中证智选 300 价值稳健策略交易型开放式指数证券投资基金	股票型
274	159698	粮食 ETF	鹏华国证粮食产业交易型开放式指数证券投资基金	股票型
275	159517	800 增强 ETF	银华中证 800 增强策略交易型开放式指数证券投资基金	股票型
276	159515	国企红利 ETF	鹏扬中证国有企业红利交易型开放式指数证券投资基金	股票型
277	159521	2000 指数 ETF	平安国证 2000 交易型开放式指数证券投资基金	股票型

续表

序号	证券代码	证券简称	基金全称	投资类型
278	159531	中证 2000 ETF	南方中证 2000 交易型开放式指数证券投资基金	股票型
279	159523	沪深 300 成长 ETF	华夏中证智选 300 成长创新策略交易型开放式指数证券投资基金	股票型
280	159532	中证 2000 指数 ETF	易方达中证 2000 交易型开放式指数证券投资基金	股票型
281	159536	中证 2000 ETF 添富	汇添富中证 2000 交易型开放式指数证券投资基金	股票型
282	159535	中证 2000 ETF 指数	嘉实中证 2000 交易型开放式指数证券投资基金	股票型
283	159538	信创指数 ETF	富国国证信息技术创新主题交易型开放式指数证券投资基金	股票型
284	159539	信创 50 ETF	广发国证信息技术创新主题交易型开放式指数证券投资基金	股票型
285	159540	信创 ETF 指数	易方达国证信息技术创新主题交易型开放式指数证券投资基金	股票型
286	159537	信创 ETF	国泰国证信息技术创新主题交易型开放式指数证券投资基金	股票型
287	159522	2000 ETF 基金	景顺长城国证 2000 交易型开放式指数证券投资基金	股票型
288	159546	集成电路 ETF	国泰中证全指集成电路交易型开放式指数证券投资基金	股票型
289	159520	消费龙头 ETF	工银瑞信中证消费龙头交易型开放式指数证券投资基金	股票型
290	159541	创业板综 ETF 万家	万家创业板综合交易型开放式指数证券投资基金	股票型
291	159551	机器人产业 ETF	国泰中证机器人交易型开放式指数证券投资基金	股票型

续表

序号	证券代码	证券简称	基金全称	投资类型
292	159543	国证 2000 ETF 基金	工银瑞信国证 2000 交易型开放式指数证券投资基金	股票型
293	159560	芯片 50 ETF	景顺长城中证芯片产业交易型开放式指数证券投资基金	股票型
294	159661	中证 100 指数 ETF	嘉实中证 100 交易型开放式指数证券投资基金	股票型
295	159505	国证 2000 指数 ETF	博时国证 2000 交易型开放式指数证券投资基金	股票型
296	159150	深证 50 ETF 易方达	易方达深证 50 交易型开放式指数证券投资基金	股票型
297	159350	深证 50 ETF 富国	富国深证 50 交易型开放式指数证券投资基金	股票型
298	159549	红利低波动 ETF	天弘中证红利低波动 100 交易型开放式指数证券投资基金	股票型
299	159555	2000 增强 ETF	银华中证 2000 增强策略交易型开放式指数证券投资基金	股票型
300	159559	机器人 ETF 基金	景顺长城国证机器人产业交易型开放式指数证券投资基金	股票型
301	159693	有色矿业 ETF	华泰柏瑞中证有色金属矿业主题交易型开放式指数证券投资基金	股票型
302	159572	创业板 200ETF 易方达	易方达创业板中盘 200 交易型开放式指数证券投资基金	股票型
303	159573	创业板 200ETF 华夏	华夏创业板中盘 200 交易型开放式指数证券投资基金	股票型
304	159920	恒生 ETF	恒生交易型开放式指数证券投资基金	QDII
305	159941	纳指 ETF	广发纳斯达克 100 交易型开放式指数证券投资基金	QDII

续表

序号	证券代码	证券简称	基金全称	投资类型
306	159822	新经济 ETF	银华工银南方东英标普中国新经济行业交易型开放式指数证券投资基金（QDII）	QDII
307	159823	H 股 ETF 基金	嘉实恒生中国企业交易型开放式指数证券投资基金（QDII）	QDII
308	159850	恒生国企 ETF	华夏恒生中国企业交易型开放式指数证券投资基金（QDII）	QDII
309	159866	日经 ETF	工银瑞信大和日经 225 交易型开放式指数证券投资基金（QDII）	QDII
310	159742	恒生科技指数 ETF	博时恒生科技交易型开放式指数证券投资基金（QDII）	QDII
311	159740	恒生科技 ETF	大成恒生科技交易型开放式指数证券投资基金（QDII）	QDII
312	159741	恒生科技 ETF 基金	嘉实恒生科技交易型开放式指数证券投资基金（QDII）	QDII
313	159747	香港科技 ETF	南方中证香港科技交易型开放式指数证券投资基金（QDII）	QDII
314	159892	恒生医药 ETF	华夏恒生香港上市生物科技交易型开放式指数证券投资基金（QDII）	QDII
315	159605	中概互联 ETF	广发中证海外中国互联网 30 交易型开放式指数证券投资基金（QDII）	QDII
316	159607	中概互联网 ETF	嘉实中证海外中国互联网 30 交易型开放式指数证券投资基金（QDII）	QDII

续表

序号	证券代码	证券简称	基金全称	投资类型
317	159750	香港科技 50 ETF	招商中证香港科技交易型开放式指数证券投资基金(QDII)	QDII
318	159612	标普 500 ETF	国泰标普 500 交易型开放式指数证券投资基金(QDII)	QDII
319	159615	恒生生物科技 ETF	南方恒生香港上市生物科技交易型开放式指数证券投资基金(QDII)	QDII
320	159632	纳斯达克 ETF	华安纳斯达克 100 交易型开放式指数证券投资基金(QDII)	QDII
321	159655	标普 ETF	华夏标普 500 交易型开放式指数证券投资基金(QDII)	QDII
322	159687	亚太低碳 ETF	南方基金南方东英银河联昌富时亚太低碳精选交易型开放式指数证券投资基金(QDII)	QDII
323	159688	恒生互联网 ETF	华安恒生互联网科技业交易型开放式指数证券投资基金(QDII)	QDII
324	159660	纳指 100 ETF	汇添富纳斯达克 100 交易型开放式指数证券投资基金(QDII)	QDII
325	159659	纳斯达克 100 ETF	招商纳斯达克 100 交易型开放式指数证券投资基金(QDII)	QDII
326	159501	纳斯达克指数 ETF	嘉实纳斯达克 100 交易型开放式指数证券投资基金(QDII)	QDII
327	159513	纳斯达克 100 指数 ETF	大成纳斯达克 100 交易型开放式指数证券投资基金(QDII)	QDII

续表

序号	证券代码	证券简称	基金全称	投资类型
328	159509	纳指科技 ETF	景顺长城纳斯达克科技市值加权交易型开放式指数证券投资基金(QDII)	QDII
329	159699	恒生消费 ETF	广发恒生消费交易型开放式指数证券投资基金(QDII)	QDII
330	159696	纳指 ETF 易方达	易方达纳斯达克 100 交易型开放式指数证券投资基金(QDII)	QDII
331	159519	港股国企 ETF	国泰中证香港内地国有企业交易型开放式指数证券投资基金(QDII)	QDII
332	159518	标普油气 ETF	嘉实标普石油天然气勘探及生产精选行业交易型开放式指数证券投资基金(QDII)	QDII
333	159001	货币 ETF	易方达保证金收益货币市场基金	货币型
334	159003	招商快线 ETF	招商保证金快线货币市场基金	货币型
335	159005	汇添富快钱 ETF	汇添富收益快钱货币市场基金	货币型
336	159934	黄金 ETF	易方达黄金交易型开放式证券投资基金	另类投资
337	159937	黄金 ETF 基金	博时黄金交易型开放式证券投资基金	另类投资
338	159985	豆粕 ETF	华夏饲料豆粕期货交易型开放式证券投资基金	另类投资

续表

序号	证券代码	证券简称	基金全称	投资类型
339	159980	有色 ETF	大成有色金属期货交易型开放式指数证券投资基金	另类投资
340	159981	能源化工 ETF	建信易盛郑商所能源化工期货交易型开放式指数证券投资基金	另类投资
341	159812	黄金基金 ETF	前海开源黄金交易型开放式证券投资基金	另类投资
342	159830	上海金 ETF	天弘上海金交易型开放式证券投资基金	另类投资
343	159834	金 ETF	南方上海金交易型开放式证券投资基金	另类投资
344	159831	上海金 ETF 基金	嘉实上海金交易型开放式证券投资基金	另类投资
345	159972	5 年地债 ETF	鹏华中证 5 年期地方政府债交易型开放式指数证券投资基金	债券型
346	159816	0－4 地债 ETF	鹏华中证 0－4 年期地方政府债交易型开放式指数证券投资基金	债券型
347	159649	国开债 ETF	华安中债 1－5 年国开行债券交易型开放式指数证券投资基金	债券型
348	159650	国开 ETF	博时中债 0－3 年国开行债券交易型开放式指数证券投资基金	债券型
349	159651	国开 0－3ETF	平安中债－0－3 年国开行债券交易型开放式指数证券投资基金	债券型

数据来源：Wind，截至 2023 年底。

后 记

我国于2004年推出首只ETF产品，经过20年的发展，ETF已成为资本市场的重要组成部分。ETF作为投资工具，以其费用低廉、持仓透明、风格稳定、交易便利的特点，受到各类投资者的认可。现阶段ETF产品的投资范围涵盖了股票、债券、货币和商品，覆盖了境内外市场。随着ETF市场的发展，指数化投资理念开始在普通投资者中传播。但我国市场以中小投资者为主，投资者对ETF的真正含义、投资逻辑、投资方式、交易策略等了解得还不够深入。因此，为向广大投资者普及ETF知识，深交所基金管理部会同15家基金管理人，共同编写了《深交所ETF投资问答》，将投资者参与ETF投资关注的重点和难点以问答的形式展现出来，以供大家参考。本书主要面向个人投资者，后续我们将编写针对专业投资者的进阶读物。

本书共有五章，分别介绍了 ETF 的发展历程和特征，ETF 的投资逻辑、投资方式和交易策略，以及固定收益 ETF、商品 ETF 和跨境 ETF 的特点等。另外，本书的附录还介绍了深交所主要 ETF 产品。参与本书写作的人员主要为：博时基金钱令希、大成基金刘斯勉、富国基金樊帆、广发基金夏浩洋、国泰基金黄岳、华安基金段永伟、华夏基金樊此君、嘉实基金周泉希、景顺长城基金郑天行、南方基金许荷东、鹏华基金杨吉、平安基金刘雪、汇添富基金过蓓蓓、易方达基金常锐、招商基金叶汝财。

上述人员排名不分先后，以公司首字母拼音排列。特别感谢易方达基金、华夏基金、富国基金和景顺长城基金的大力支持。

本书由邹雄同志主持编写，确定了全书的写作提纲和体例，王先超、王夕子、李艳萍负责统稿。林心怡进行了插画创作。

我们将密切跟踪 ETF 市场发展动态，不断修订、完善本书，欢迎读者随时提出宝贵意见和建议。

深圳证券交易所基金管理部

2024 年 4 月